U0049993

孔子的人生哲學

——執著人生

《中國人生叢書》前言

中國聖賢是一個神聖的群體。他們是思想智慧的化身，道德行為的典範，進取成功的象徵。他們或者以自己的思想學說影響歷史，並構成民族性格與靈魂；或者他們本身即親身創造歷史，留下光照千秋的業績。

但歲月流轉，時代阻隔，語言亦發生文句變化。更不用說人生代代無窮已，歷來學問家詮釋演繹聖賢學說，形成眾多門戶相左的學派，同時又相應神化聖賢事跡。於是，聖賢便高居雲端，使常人可望不可及，只能奉為神明，頂禮膜拜。

然而，消除阻隔，融匯古今，無論學問思想，或者智勇功業，如此二者常常並不是分離的，且必然是人生的，為社會人生而存在的。這就是聖賢學說、智略、勇氣、運籌、奔走、苦鬥，成功的經驗，失敗的教訓，乃至道德文章，行為風範，也體現為一種切實的人生。因為聖者賢者也是人。

這是一種存在，無須多說甚麼。但存在對每一個人並不意味著親切，也不意味著自覺。我想聖賢人生與我們這些凡夫俗子的人生加以聯繫。聖賢不正是一個凡夫俗子，經許多努力，經許多造就，才成其為聖者賢者的嗎？

當然還有一個重要方面，時世使然矣，這就是歷經漫漫千年的中古時代，又歷經憂患求索的百年近代，世界文化已在衝擊中國人的生存。該如何確立中國人的人生路，我總認為無論是作為一種一脈相承的文化淵源，還是作為一種精神參照與啟迪，都莫如了解中國聖賢人生，莫如將我們平凡的人生從聖賢人生與學說中找到佐證，找到圭臬。所謂古人不見今時月，今月曾經照古人。正是由此理解，由此思忖，我嘗試撰寫了《莊子的人生哲學》，問世以來即引起讀者的關注與歡迎。並且成為我組織一套《中國人生叢書》的直接引線。

我大致想好了，依然如《莊子的人生哲學》一樣，一書寫一聖賢人物。我還不揣譾陋，以我的《莊子的人生哲學》為範本，用一種隨筆的文體與筆調，古今結合，史論結合，聖賢人生與凡生結合，我還要求每一位作者對他所寫的聖賢人物，結合自己的人生閱歷對聖賢寫出獨特的人生體驗。我請了我的多位具卓越才識的朋友，他們都極熱心地加盟這套書的寫作，並至順利完成。

現在書將出版了，我需感謝我的朋友們，感謝出版社，希望更多的讀者喜歡他。

揚帆

前言

儒家思想今日面臨極大的衝擊，此乃由於西方工業文明引起的西方思想和生活方式。隨著中國社會的現代化，必將帶來一定程度和範圍的西方化，孔子的思想，還有其存在依據嗎？

回答必定是肯定的。

作為「東方的聖人」，孔子對社會人生一些根本問題的思索是不會過時的；而他一生的經歷及其精神境界，作為人的生存，也具有典型意義。孔子對人們的影響，就像天上的恆星，它的光環將不斷照在我們身上。

卡西爾說：語言與存在同一。那麼我們只要看看這些詞彙如：仁愛、禮節、天命、中庸、忠義、德政……這都是孔子思想的核心範疇，不能想像，有朝一日它們會從人類的生存中消失（如果真的消失了，那將是怎樣的後果、怎樣的世界呢？）。更不用說那些標示著我們民族智慧的格言警句（如：三軍可奪帥，匹夫不可奪志）和那些在漢語中長期保留的成語（有人統計多達一百六、七十條）。這些詞、語那麼有力地標示著孔子的常在。

孔子的一生，經歷了重重困難和磨難，貧窮悽惶，理想沒有實現，那是一個十分沈重淒婉的悲劇。但是，孔子建立了一個闊大的精神境界，創立了一套與現實相抗衡的學說，視富貴若浮雲，過著一種不憂不懼、坦蕩蕩樂陶陶的生活，把悲劇變成了喜劇。人生多難，這是一個基本的事實，每個人面對這一事實的時候，難道不能從中獲得有益的啟示嗎？

孔子強調個體人格的修養（仁德），這是讓人了解自己生命價值的學說。人自己精神生活的質量就是（也僅僅是）他的精神本身的質量，因此，不斷地充實自己，追求自我完善，以內在的質量屹立於人世，才能有種自滿、自足的感覺，才能不為各種物慾的追逐、成敗的計較、名利的誘惑所壓倒，也才能有一份寬鬆泰和、博大包容的心境，真正享受人生！

但是，孔子的學說，絕不止於獨善其身的心性修養。個人修養的目的在兼善天下，即：努力改造社會、造福人群（天下歸仁）。這是孔子真正偉大的地方。他的學說的根本——仁，即是愛人，即是人道。愛人或人道，就是使人都好起來，使人人生活得好，尤其是使人人都受到教育。總之是把自身一己的人道修養推廣開來，在每一個人身上加以實現，使每一個人都得到提高和昇華，造成一個君子國，一個以人道為根本原則的大同世界！

人類自始至今，不知有多少萬萬億了，連大大小小的皇帝宰相，數量也幾可與河裡的魚鱉相等，都是到這個世界上來走一遭，一眨眼也就都過去了。無可否認，孔子身上的一部分，也隨著歷史成為過去。但是，作為一位最真誠、最偉大的人道教師，他的名字是深深刻印在世世代代的人們所追求的人道理想中的。

羅曼·羅蘭說：「偉大的心魂有如崇山峻嶺，風雨吹蕩它，雲翳包圍它，但人們在那裡呼吸時，比在別處更自由更有力。純潔的大氣可以洗滌心靈的穢濁；而當雲翳破散的時候，也威臨著人類。」

「我不說普通的人類都能在高峰上生存。但一年一度他們應上去頂禮。在那裡，他們可以變換一下肺中的呼吸與脈管中的血流。在那裡，他們將更接近永恆。然後，他們再回到人生的廣原上，心中將充滿著日常戰鬥的勇氣。」

孔子無疑是人類最高的幾座山峰之一，但他不是險峻而高，而是平坦而高；他不是峭立地威臨你，而是近人情地與你相伴。

任何人，只要願意，都能夠攀上這座平坦而高聳的大山。

李旭

目錄

話說孔子

——李旭

弘毅

《論語》說：

一個受了教育有知識有頭腦的人，不可以沒有寬廣的基礎和強忍的毅力。因為無論是自己有所建樹（如：實現仁德），還是以天下為己任，都是一副沈重的擔子。

挑上這副擔子，一直到死才能放下，沒有寬廣的基礎和強忍的毅力，是不行的。

孔子的思想、觀點是很豐富的，但貫串於他一生的精神卻很簡單，一是下面講的知天命，一是這裡提到的弘毅。這兩點，支撐著「任重道遠」四個字。極偉大的任務，極沈重的擔子，極高遠的目標，困難、挫折，甚至終身奮鬥毫無結果，都是可能的，倘若沒有知天命的精神（即上天命我來做這件事和上天註定我命運多舛兩方面），而生出許多一己的主觀妄求，在不合理的事面前表現出不可理解和天眞的激憤，甚至爲憂煩、悲觀、荒誕感所壓倒等等，這樣的心理首先便失去了寬和健康，還能有什麼作爲呢？所以有志向和眞正做事的人，一定要懂得孔子知天命的正確涵義和積極精神。如果說知天命提供了一種寬和健康的內在心理保證，弘毅則提供了一種「眞積力久」（荀子語）的行爲原則。現在我們分開來看弘和毅兩個方面：

弘　歷來都解作「大」，朱熹因受語錄體的影響，用白話雙音節詞解作「寬廣」。梁啓超曾有一句名言：「文學有如金字塔，要能博大要能高。」其實不止文學，做任何一件像樣的事情，沒有博大的基礎，都無法做得好。博大，包含各方面的內容，如：心地寬宏，胸襟開闊，見識廣博，學問深厚，善於團結，朋友遍天下等等。海面寬闊好行船，就是「弘」的好處和意義。相反，器量狹小，根基淺薄，要做大事業，是根本不可能的。

毅　朱熹解作「強忍」，非常好的說法。強是就表現而言，忍是就心理而言。人非木石，所以強（堅固度）不是一種天然質地，而只是忍他人所不能忍的心理結果，也就是一種百折不撓、不達目的不罷休的意志力量。一件事，千頭萬緒，千難萬難，碰了釘子就退縮，是不行的。能強，不僅要接受困難的考驗，還要接受時間的考驗。忍過一時並不難，但忍到底確非容易事。多少事都是因爲缺乏毅力半途而廢的！有些事，還要能忍一輩子，「死而後已」！孫中山的一生，就是這種強毅不屈的典範。多少次一敗塗地，心血付諸東流，但他同樣振作奮起，從頭再來，推翻帝制，建立民國，直到生命的最後一刻！

仁以為己任，不亦重乎？
死而後已，不亦遠乎？
——任重而道遠，
士不可以不弘毅……

知命

孔子說：死生有命，富貴在天。

又說：沒有認識命，就不能算是君子。

又說：我自己是到了五十歲才知道天命的。

命，這個字眼很通俗也很高深。

村叟市民談它，窮究人生奧秘的哲學家也談它。談的人既多，各人對它的理解也不一樣。大體而論，人們對命的理解有兩種。一種認爲，命是先天註定，無法改變的，所謂「命裡只有八合米，走遍天下不滿升」，這是老百姓對命運觀的極好概括。另一種認爲，命是非人力可以改變的某種事實，比如：某種外在的機遇，或是自己內在性格的偏長偏短（人性無不有偏），它們常常決定人的生活道路。比如：仕途，前幾年有一句話：「德才兼備加一碰。」這一碰特別重要。所以重要，就是你是否遇到了某種有決定意義的機會。

因爲這兩種不同的理解，就產生了兩種「知命」的態度。持前一種理解的人生活態度消極，認爲世事一無可爲，「聽天由命」；他們還很迷信，抽籤算卦，奉算命先生爲「鐵嘴」，說他某年有「水凶」，他就不敢在溝渠邊走，說他某年不宜早出門，他就日上三竿後離家……持後一種理解的人也認識到人生的無可奈何處，但卻並不消極，更不迷信。拿孔子自己來說，他一生汲汲忙忙，克己復禮，遊列國，說諸侯，但他的政治抱負和主張，根本無法實現。所以他說：「道之將行也與?命也；道之將廢也與?命也。」盡了一切努力，而又歸之於命。

嚴格說來，只有後一種「知命」才眞正是人生智慧，而且是很高境界的人生智慧。國家元首、億萬富翁，以至村民百姓，芸芸衆生，無論地位高低，能力大小，總有些無法解決的問題，無法做到的事情，總有辦不成、達不到的、無可奈何的。換句話說，總有限定、總有失敗、總有不如意。那該怎麼辦?在盡了一切努力之後，平靜安然地接受那必然到來的最後結果和最後事實，不一味患得患失，耿耿於懷。就像先哲伊比鳩魯所說的：人皆難免一死，任何人都無法戰勝死亡，但卻可以克服對死亡的畏懼。這樣，我們就不會爲限定、失敗、不如意所打倒，在精神上超然於既有成敗，知足常樂，達到「君子坦蕩蕩」的境界。

知命，尤其使人不斤斤於現實的貧富窮達。

窮達、貧富，就是現時人們所說的從政和經商兩條道上的結果，在這兩條道上，依仗人，依仗時勢的成分較多，而自己所努力的成分相對少一些，所以「命」在人生中的比重也就相對較大。你自己不錯，但無人抬舉，無人幫助，不行，或者對手比你更強，也不行，這是你的遭遇，也就是你的命；相反，你自己平凡，但有得力的依靠，或者對手比你還不如，因而一帆風順，這也是你的遭遇，也是你的命。既然是外在的東西作用大，你又何必自以爲是或者自怨自艾呢？

晉人李蕭遠《命運論》中用水作比喻，說明眞正知命的智慧品質：樂天知命的人，就像水一樣，流通時成爲河川，堵塞時成爲深淵，上昇爲雲成爲雨露，沈於地下則浸潤土壤……無論何時何地，都不失自性，都能始終如一地發揮自己的力量。

歲寒然後知松柏之後凋

孔子說：

到了一年的寒冬季節，才知道松葉經霜不落，是最能與冰雪相搏的。

大哲學家黑格爾曾說過同樣一句話，從不同的人口裡說出來，它所包含的分量是不同的。松柏耐寒，這種現象人人習見，因此用它來比喻人不爲環境所動的某種堅貞品格，也算是一句非常普通的話；在修辭學上，它甚至只是被作爲一種說得好聽的話的例子來加以舉證。但是，這句話在孔子那裡，卻不是輕易說出來的。他出身窮寒，小時候從事多種「賤業」，以混一口飯吃；克服種種困難，才掌握前代傳下來的文化典籍；仕途不順，當了三個月的司寇就被罷了官；周遊列國，卻找不到一個君主願意推行他的政治理想，最後在陳、蔡兩國間被一群不明是非的人圍困，他環顧四周景色，對弟子感嘆說：「天寒既至，霜雪既降，才知道松柏蒼翠的顏色難得啊！」他是用自己幾十年的生命親身經歷了「風刀劍樹嚴相逼」的磨難之後，才表達出對松柏貞質的讚美。在這裡，他自己已然化為一棵聳立於嚴寒中的青松，所以我們在這句話裡，聽到的是他自己人格的挺拔，而絕非僅僅是一句普通的觀察傳達或修辭很好的漂亮話！

所以，這句話所包含的，應該是一種痛苦的磨練，艱難的拼搏，和不屈不撓的意志，總之是某種最沈重最珍貴的東西。松柏的堅貞是與風雪搏鬥得到的，而不是輕飄飄一帆風順地獲得的。人們常說：「臨利害，遇事變，然後後子乃見」，又說：「一死一生，乃見交情；一貴一賤，交情乃見。」沒有嚴峻的考驗，人是無法獲得眞正有高質量、高價值的東西的。

所以，陳毅元帥《青松》詩有云：

大雪壓青松，
青松挺且直；
要知松高潔，
待到雪化時！

知其不可而爲之

孔子說：

現在天下大亂，已是無可挽救；但如果天下太平，一切很好，就不用我們來改革現實了。

我們追求的事業無法實現，我早就知道，但我就是要像那位做門衛的隱士說的那樣：知其不可而為之。

明朝有位張岱，在注《論語》「石門章」的時候，曾經把人分爲三種：愚人、賢人、聖人。他說：懵懵懂懂，沒有認識到一定的事難以做到就去做，是愚人；精明洞察，知道一定的事難以做到即罷手不做，是賢人；大智若愚，知道一定的事難以做到而毅然去做，是聖人。

愚人一項我們這裡置之不論。張岱說知其不可爲而不爲是賢人，這話實在說得籠統了，忽視了很多質的區別。平常碰到具體的生活小事，做不到就不做，這自然是最基本的自知之明，比方說，世無常勝將軍，所以體壇上二連冠、三連冠的高手，連得幾次冠軍之後，見好就收，不把自己摔進失敗的低谷中，就是一種必要的人生智慧。但是，也有一些時候，事情不是這樣簡單。殷商之末，紂王無道，微子、箕子、比干三人，比干出來提意見，被商紂挖了心；箕子披頭散髮裝瘋子，做奴隸保全了性命；微子乾脆離開商國，一走了之。三個人行爲不同，箕子、微子都是知道紂王不可改變，殷商大勢已去，因而撒手不管的。微子是「雖降志而不枉己」，即雖丟下了對姬姓江山（他是紂王的親哥哥）的責任，但並沒有違背自己的良心；箕子是「雖辱身而不求合」，即自己屈身受辱，但並不想投機，要往上爬。只有這種「知其不可爲而不爲」（實即不趨利害義）才可以說是賢人作風。但是，還有一種人，在重大原則問題上，看出某種情況嚴重，見風轉舵，知難而退，並爲自己的精明練達沾沾自喜，這種人是聰明人，但絕不是賢人，因爲他們把自己的智慧，都用在經營一己的利害上。

貪生怕死、趨利避害，這是人之常情。但是，盡得人之常情的人，也只能做個毫無特出之處的常人。常，就是平常；既是平常，就沒有什麼了不得，人人都可以做到。張岱所謂聖人，則與此不同。他們超出於平常人們的小聰明、謀身自處的小機智（在這一點上，他們確實大大不如平常人），而爲了某種追求、某種理想、某種道義，義無反顧，殫精竭力，成敗在所不計。孔子是這樣的人。諸葛亮也是這樣的人。《後出師表》說：不興師伐魏，漢朝必亡；興師伐魏，敵強我弱，也難救其不亡。但是，與其坐等漢朝滅亡，不如盡力伐魏？可見，曹魏難滅，漢室難興，諸葛亮早已清楚地知道，但自從離開隆中，奪荊州，定西蜀，對外聯結東吳，對內治軍理財，最後六出祁山，一生鞠躬盡瘁，死而後已，事業雖未成就，但不顧一切，精進向上的崇高精神，卻因此而無限光大，成爲一種取之不竭的財富！

知其不可而不爲，這種謀身自處的精明機智滿街盡是。

知其不可而爲之，這種義無反顧的大智大慧實在是成事的必要心理。因爲，雖不能成事，卻可成人。

愚智不可及

孔子說：

寧武子在國家安定時是一個智者，在國家動亂時是一個愚人。他智的一面，別人趕得上，他愚的一面，別人卻無法趕上！

上文論諸葛亮「知其不可而爲之」，是大智若愚的一個典型，這裡寧武子，也是大智若愚的一個典型。這種愚，就是爲了一種信念、一點眞情、一項事業，痴心不改，執著不倦。所以張岱解釋說：「愚是鞠躬盡瘁，死而後已的心事。」不過這種愚，並不僅僅靠忠心和勇氣，更需要忍辱負重，運智勞神，殫精竭力。

《左傳》有關寧武子的記載很簡單，因此有關他愚智的詳細事實，現在已不可確知。其基本情況大概是：寧武子歷仕衛文公、衛成公兩朝，在天下太平時，清簡若無所效力，並不巧立名目、興事弄術表現自己有才幹；晉成公無道，他曾作過成公的訴訟人，使成公敗訴。但當晉國把成公廢黜、囚禁的時候，他利用自己的品德爲晉人所讚賞的地位，立朝不去，「從容大國之間，周旋闇君之側」，一力保全衛國。後來，晉侯派人要毒死衛成公，他又賄賂醫生，讓他減少毒藥的份量，保全了成公的性命。康有爲說，當時他所做的種種事情，「皆智巧之士所深避而不肯爲者」。孔子讚揚他「其愚不可及」，就是指上述這些表現。

鄭板橋有一風行天下的條幅：「難得糊塗。」難得糊塗之「糊塗」，與孔子所謂其愚不可及的「愚」近似。人生在世，睜眼一看，多的是小聰明，伶俐奸巧、營利、謀私、保身、求榮，芝麻大的好處都不肯放過，必欲弄到手而後快，處處要表現自己的能事。但是，上帝是公平的，善於運用伶俐機智取得眼前利益的人，它不讓他們接近那些大事業、大成果；過於尖巧冒頭的人，它常常想辦法摧折他。

俗語說：「聰明反被聰明誤。」《紅樓夢》曲子說：

機關算盡太聰明，
反誤了卿卿性命，

生前心已碎（指王熙鳳逞能、拈酸、謀財等），
死後性空靈（指連自己的女兒巧姐都保護不了，流落到鄉野人家）。

這大概也算一大教訓吧！

北宋蘇軾《說兒詩》說：

人皆養子望聰明，
我被聰明誤一生。
惟願生兒愚且魯，
無災無難到公卿。

這不只是表現了作者的感慨，主要還是表現了一種對愚智的嚮往（文人往往最缺少愚智！）

無私才能無畏

孔子說：我至今還未見到過剛毅不屈的人。

旁邊有人回答道：申棖不是嗎？

孔子說：申棖慾望太多，哪裡能夠剛毅不屈呢！

申棖是魯國人，孔子的學生，素有強直之名，但因爲多慾，孔子認爲他最終是剛毅不起來的。申棖多慾的事後人不可知，但孔子的「棖也慾，焉得剛」卻成了千古流傳的至理名言。

多慾爲什麼就不能剛呢？因爲多慾的人，爲了滿足自己的慾望，說話辦事，就不能不留有餘地。純粹按照道理、法規，不留一點情面，事事做絕，那是自己給自己砌成四面圍牆，獨居圍牆之內，楊柳春風都無緣，哪裡去尋慾望的滿足呢？一個法官財慾太旺，在金錢的賄賂下就很難正直判案，一個官員總想往上爬，就不敢爲了堅持原則而得罪權貴。《漢書·孫寶傳》記載：孫寶爲京兆尹，提拔侯文爲督郵，對他說：你今日如鷹隼始擊，選中哪個奸惡之徒爲逮治對象呢？侯文回答：霸陵人杜稚季。孫寶默然不敢應。因爲杜稚季與校尉淳于長和大鴻臚蕭育等都有很深的關係，淳于長又曾托付他關照杜稚季，他怎麼敢讓手下去抓杜稚季呢？這一類的事，在歷史上，在現實中，可以說不勝枚舉。

俗話說：無私才能無畏。有私心私慾的人，必然瞻前顧後，畏首畏尾，遇事算計利害，不敢說一句大膽剛直的話。這還是好的，再進一步，柔弱委曲，屈身逢迎，奴顏卑膝，不僅無剛氣，而且全身連一根結實點的骨頭都找不到，那才是可悲可惡。

康有爲說：剛德「剛健中正，純粹精。」這就是孔子極重剛德、不以剛德許人的道理。孔門子路以勇聞，孔子尚且說他「不見剛」，可見做到勇不難，而做到剛，談何容易。勇可以乘一時之血氣，剛則非無私正大不能行。一句話，剛是人性之「純粹精」，摻一點假都不行。人要培養剛正不阿的氣骨，只有去慾去私，爲人處事不存私慾，自然能夠剛正無畏。

小不忍則亂大謀

孔子說：

小事情不能忍，便會敗壞大事情。

「小不忍則亂大謀」，這句話現在成了一句通行的俗語。但這一個「忍」字，意思卻很不簡單。根據前人的解釋，它有下面三個意思：

忍受、含忍，如忍辱、忍憤之類

這個意思，就是孔子在《顏淵》篇裡說的，「一朝之忿，忘其身以及其親」。俗話說：「匹夫見辱，拔劍而起，挺身而鬥。」這種匹夫之勇，壞就壞在不能忍。《水滸傳》中的李逵，闖了很多禍，就是因爲他性情暴躁，頭腦簡單，不能忍小辱。他在潯陽江爲浪裡白條張順灌了一肚皮的水，就因爲他一味地使氣逞凶。相反，大丈夫、大英雄能忍常人之所不能忍。韓信能忍胯下之辱，太史公說這是「其志與衆異」的表現。韓信以後爲漢王朝打下大半壁河山，可以說就是從這裡開始的。

忍苦、堅忍

所謂「頭懸樑，錐刺股」，就是指這個忍字。吃得苦中苦，方爲人上人，也是強調這個忍字的重要。我們要做成一件事，會遭遇許多困難，如果不能忍，中途退步，就會前功盡棄。尤其生而爲人，能夠善始善終地在天地間做一番事業，更是需要數十年堅忍不拔地努力。就拿讀書治學來說，十年寒窗，考個大學已是不易，若不再加四年的努力，只不過是進了門，卻不知其奧祕所在。要想有所建樹，還有九十九條河，九十九道坡，非有一種忍勁不行。外交談判，有時也是靠這一個忍字。左右應付，來往辯難，就是不讓步，堅持到最後一分鐘，忍過來了就勝利了。

忍痛割愛、有決斷

朱熹《論語集注》說，婦人之仁壞事，就在於不能忍。人無不有慾，無不有愛，這種慾與愛，有許多是難以或不能加以實現的，因而需要忍。親子之愛、兩性之慾、貨利之吝或貪，縱易而忍難。這種忍，常常比忍辱、忍苦還不容易。

這些都是正面的理解，還有一種負面的理解：忍就是隱忍不發，是一種陰謀術，那當然就不是孔子的意思了。

無可無不可

《論語》說：孔子絕無那種從一而終、行為固執的毛病。只要能行道義，做什麼事皆無不可。

孟子說：孔子是「聖之時者」；可以從政就做官從政，不可以從政就馬上退下來；在一個地方能久待就久待，不能久待就馬上換個地方。

在孔子之前，就有許多隱士很有名了，他們是：伯夷、叔齊、虞仲、夷逸、朱張、柳下惠、少連等。這七個人，遇到天下動盪，不願違心從俗，甘心退到聲色勢利之外，保持自己人格上的清潔。七個人中，伯夷、叔齊最了不得，他們生當殷周交替之時，不願昨天還是殷人，今日就變做周人，所以逃到首陽山，靠挖野菜度日，終於餓死在那裡。孔子便稱讚他們「不動搖自己的意志，不辱沒自己的身分」。

其次是柳下惠與少連。少連的事跡現在一點也不知道了。柳下惠在魯國做法官，因爲不肯犧牲原則苟合取容，所以三次上台，三次下台。別人勸他：既然這樣，你何不離開魯國呢？他回答說：如果不能犧牲原則、拍馬屁討好人，到哪裡能不被罷官呢？如果能，又何必離開父母之邦！無論自己怎樣克盡職守，還是升黜由人，傳來呼去，可謂屈身受辱，但畢竟不爲保全地位而放棄原則，所以也算難能可貴。

再其次是虞仲、夷逸，他們乾脆就不出來做官，隱居在深山裡面，獨善其身。這樣雖然逃避了社會責任，但正因此而對社會無妄求之心，才敢放言高論，客觀地講公正話，批評政府，所以也能留下清名。

孔子認爲：這些人都是各守一節，偏於一端，不管走得通走不通，皆貫徹到底。我與他們不同，我是無可無不可，只要合乎道義，該怎樣做就怎樣做，不必自己限定自己。比如：伯夷叔齊，矢忠於殷，不食周粟，但不問人心向背、道義所歸，守節固然可佳，固執卻也可惜。周朝既是撥亂反正而建立的，爲什麼不能吃周朝的飯呢?比如:柳下惠,一次被趕下台,已知道正直不被容忍,何必還要第二次、第三之反覆受辱呢?魯國既無法貫徹自己的一套政治原則,為什麼不能離開呢?再如:虞仲、夷逸,不問是否能出來有所作為,一隱到底,不也是太拘謹了嗎?

孔子最讚賞管仲。齊襄公無道,公子小白、公子糾逃亡在外。公子糾搶在前頭回去做了國君,公子小白便興兵逼死公子糾,奪了齊國君位,即歷史上的齊桓公。作為公子糾的師傅,召忽自殺殉主,管仲卻轉做了桓公的宰相,把齊國治理得井井有條。富國利民,就是行大道,是最大的仁,不丟下仁而以身守節,才眞正了不起。孔子自己也是這樣。連準備在費地謀反的公山弗擾招他去幫忙,他也準備去,因為他覺得可在那裡推行周文王、周武王的治國之道。孟子說孔子是聖之時者,就是一切根據客觀實際而定,為堅持貫徹自己的理想,可以仕則仕,可以止則止,可以久則久,可以速則速。

最後需說明一點:孔子的「無可無不可」,只是為推行「道」在行為上不固執,而不是在理想節操上變來變去,因而不能混同於那種風吹兩面倒、不擇手段的投機哲學。

兩種處世方法

孔子說：

天下太平，就出來做官；政治黑暗，就退避隱居。

因爲，天下太平而自己貧賤是恥辱；政治黑暗而自己富貴同樣也是恥辱。

很少有人指出孔子在思想深處自己跟自己的矛盾之處。有人看到了孔子在很多問題上前後不符，但認爲那是「隨病發藥」，是因爲所針對的對象不同和條件不同所致。其實，人生充滿了矛盾，立大志、成大事的人面臨的矛盾更多、更深刻，任何人都是不可能僅僅在心理上、思想上解決這些矛盾的，孔子也是如此。孔子的一生，理想沒有實現，事業沒有成功，事實上心理是很不和諧的。不爲事實的不和諧所打倒，他靠自己的思想建立了一種理智上的和諧，這是很了不起的。但是，因爲很多根本的矛盾沒有解決，所以也就不能不在思想上有所反映。

這種矛盾的一個主要表現，就是對人生的進取與退避的不同態度。《論語》裡，孔子不只一次說過應該以兩種方式處世的話：《公冶長》篇中，他讚揚南宮適「邦有道，不廢；邦無道，免於刑戮」，並把侄女嫁給了他。《泰伯》篇中，他說：「有道則見，無道則隱。」《憲問》篇中，他又說：「邦有道，穀（做官領薪俸）；邦無道，穀，恥也。」《衛靈公》篇中，他稱讚蘧伯玉，「邦有道，則仕；邦無道，則卷而懷之（把本領收起來揣在懷裡，指退隱）。」這是一種「識時務」的行爲，同時也是一個謀道謀國兼謀身、全身自保的策略。按照這種行爲與策略，他應該贊同長沮、桀溺，他們在壞東西像洪水一樣到處都是的時候，知難而退，避跡躬耕，可以「免恥」、「免刑戮」，可以潔身向道。但孔子卻完全不贊同他們，說：「天下有道，丘不與易也（如果天下太平，就用不著我孔丘來改革了）。」在讚揚蘧伯玉兩種方法處世的同時，也讚揚史魚「邦有道，如矢（像箭一樣直），邦無道，如矢」不管外界環境，做人一以貫之。他稱讚寧武子在衛國內政一團糟、外面又受晉國壓迫的時候，盡心竭力的愚智不可企及。他甚至還要應聘到正準備叛亂的費邑去，要在圖謀不軌的公山弗擾手下復興周文王周武王之道。這與他自己說的「危邦不入，亂邦不居」多麼不同啊！

總而言之，是要「知其不可而爲之」，做中流砥柱，撥亂反正。不能因爲政治昏暗就拋卻不管，只顧自己的安全、自己一己的清白。

看來，身處昏亂之世，是進是退，是踐道是顧身，孔子的矛盾是深刻的。道義至上，人應該無條件地向前；而且，人生短促，也應該不顧一切亟時有所建樹。但是，生命可貴。生命不保，還談什麼建樹？而且，生命與道義相比，究竟何者更重要？就事論事，這個問題並不難回答，但要作爲一種根本的人生態度，人卻不可能毫無疑義地選擇一種放棄另一種。人的矛盾就在於：兩種都要，在根本上，他永遠無法捨棄什麼。因此，這問題永遠是任何人，無論他多麼明智、多麼見識超人、學問淵博，都無法最後解決的問題。這也說明，與實際人生相比，任何偉人、任何觀念都是很輕的，都無法被過分強調。他們能夠超出取予抉擇得失等的困擾，但卻照樣爲這些東西所苦惱。這是孔子的矛盾爲我們所揭示的生存的事實，我們也只能這樣。

其實人生很多時候就是一個無奈的、笨拙的過程。但知笨拙，又以笨拙對笨拙，就是一種高明。

戀家求安　難成大事

孔子說：一個人，經營安樂窩，而又留戀已有的東西，是做不成什麼大事的。

《禮記．射義》上說：只有小人、俗人，一輩子離不開鄉土家園，男子漢應該像射向遠處的箭一樣，志在天地四方。

《左傳．僖公二十三年》齊姜對晉公子重耳說：

貪戀於自己喜歡的婦人身邊，享受家室之樂，會損害大丈夫一世功名。

天下之人，形形色色，我們可以大致地分爲三種：

第一種　只顧己，不顧家，甚至連自己也顧不好，喝酒賭博打麻將，毫無生活責任心。對這種人，我們只有搖頭，沒什麼可說的。

第二種 「私其身於一家」，會經營日子，對家庭安樂具有最大的興趣，對嬌妻稚子有責任心，是好丈夫、好父親。從生活利益層次上講，這種人有可取之處，無可厚非。

第三種 很難以一己的物質富裕安樂滿足心靈，而因爲某種興趣和志向，努力不懈。這種人，鄉土、家庭的安逸日子難以拴住他們。

會過日子的，是第二種人；能做事業的，是第三種人。但是，第二種人日子過好了，什麼都不想，可以自足；而第三種人，做得再起勁，也無法自足，因爲凡爲人誰不戀妻愛子、想過一份安逸日子呢？因此他們需要能「忍」，把人人都有的這一份心情忍下，也就如明朝耿楚侗說的：「俗情濃處淡得下，俗情苦惱處耐得下，俗情勞擾處閒得下，俗情牽絆處斬得下。」這樣方行。

人的精力有限，放在這裡、那裡就不能不受影響。所以過去時代，求田問舍的人，難成大事。劉邦打天下，蕭何在後方坐陣，整個行政權力都在他手上，開始劉邦是放心不下的，每次後方來人，他都要問蕭何在做什麼。蕭何很奇怪，前方盡打敗仗，自己組織兵力、物資源源不斷地補給上去，工作那樣負責，為什麼還要問我在做什麼？後來一個幕僚給他出主意，要他做些求田問舍之事。於是有人向劉邦密告：蕭何聚斂家財、侵佔民田。劉邦聽後，反而一笑置之。因為一個很投入一己生活的人，別的事就很難有出息了，所以劉邦也就放了心。這個例子是從反面說的。從正面說，在現代，一個人買房子、裝修、家庭現代化……把這一切放在首位，七成的元氣都耗在妻子兒女和一己的安適上，事業上就不會有多大作為。

同時，安適的生活不僅耗人精力，而且使人產生惰性。我們自己都有經驗：酒足飯飽，渾身就懶洋洋的，一個半天或一個夜晚就做不成多少事。在這個意義上，佛教講究節食、苦行，以便使人潛心向道、精進不息，不是沒有道理的。

所以，做事業的人，要有點宗教精神，要能忍。忍，就是吃苦，「吃苦」這兩個字，說起來很重，實際上也就是「努力」罷了。青春年華，人盡懷春，花前月下與異性親近，人人嚮往，要上進，需能忍；掙錢養家，住得好吃得好，生活有排場，魅力很大，要淡泊，要忍；在家千日好，出門一時難，把一切熟悉習慣了的拋下重新開創局面，更要忍；甚至一蹬被窩早起床也要忍。能忍，心思上了工作、事業的軌道，也就沒有多少忍的痛苦，只要正常的努力就行了。

孔顏樂處

孔子說：吃粗糧，喝白開水，彎起胳膊代枕頭，其中自有樂趣在；靠不正當的手段而獲取的富貴，對我就像天邊的浮雲一樣。

又說：顏回是多麼有賢德呀！一小筐飯，一瓢水，住在小巷子裡，別人都受不了那種窮困的憂愁，他卻照樣能自得其樂！

以上就是爲宋儒所盛讚的「仲尼顏子樂處」（周敦頤語，程頤及朱熹皆曾轉述）。《孟子·離婁》篇曾提出「禹、稷、顏回同道」的觀點，說：「禹、稷當平世，三過其門而不入，孔子賢之。顏子當亂世，居於陋巷，一簞食，一瓢飲，人不堪其憂，顏子不改其樂，孔子賢之。」在孔子所稱爲「賢」的兩種人中，包含了他的兩大理想：立功與立德。立功就是推行仁道，造福天下，實現大同世界；立德則是建立一種樂道自足的強大的精神境界，富貴貧賤，始終如一。

所謂「孔顏樂處」，就是指立德。人生的一切慾望，歸納起來是兩種：精神慾望和物質慾望。爲了滿足這兩種慾望，相應地就產生了兩大追求：精神追求和物質追求。庸人、小人把物質慾望當作人生的全部，所以沒有多少精神的追求。君子、賢人精神的慾望特別強烈，但是卻也不能沒有物質的慾望，所以他們得承受這兩種慾望的激烈衝突，他們比庸人、小人多承受一份根本的人生痛苦。只是他們最終能以精神慾望居於主導地位，達到一種有偉大包涵力的嶄新的心理和諧。這種有偉大包涵力的嶄新和諧，就是「安貧樂道」。

因此，安貧樂道是激烈的內心衝突的產物，同時又是精神力量強大的表現。它是「安於貧」，而不是「樂於貧」；之所以「安貧」，是爲了「樂道」。所以程頤說：「顏子之樂，非樂簞瓢陋巷也，不以貧窶（空乏）累其心而改其樂也。」

爲什麼付「安貧」這樣大的代價來「樂道」呢？我們且看下面兩則故事：

孔子見齊景公，齊景公要把廩丘那地方送給孔子作爲他的養生之資，孔子推辭沒有接受。他回來對學生說：君子應當先立功，後受祿。我今天給景公提了很多建議，他都不採納，而卻要把廩丘那地方送給我，他太不了解我了。於是就駕著車離開了齊國（《呂氏春秋·離俗覽·高義》）。

這是第一個故事。第二個故事是——

孔子問顏回：「回呀，你家裡貧窮，住得那樣窄小簡陋，爲什麼不去做官呢？」顏回回答道：「城外有塊土地，可以供我吃飯喝粥；城內有塊土地，可以供我穿衣；家裡有一張琴，可以用來自娛，老師您教的大道，足以給我無上樂趣，所以我不願去當官（《莊子·讓王》）。」

這兩個故事從兩方面回答了上述問題：

·所爲和所得不相稱，無功受祿，靠不正當的手段獲取富貴，這些都是不合理的，因而不僅不能給人帶來快樂，反而會令人心懷不安。

·精神的快樂是最高的快樂，它值得人們忍受物質生活的貧窮來獲取。

楊雄《法言·學行》篇中說，有人認爲「穿朱紅色衣服（即做大官），懷裡揣著黃金，那種快樂真無法計算！」但也有人說：「穿著朱紅色的衣服，懷裡揣黃金的快樂，遠不如顏回那樣快樂！」孔顏樂處是只有那些無法以一己的物質舒適來滿足心靈的人才願意、才能夠享受的！

讀書人的快樂

孔子說：

學習探求新知識，溫習進修遊樂休息，都依照一定的時間進行，不是很愉快嗎？又遠方的朋友前來相會，相知相慕，盤桓數日，不是很快樂嗎？這樣的生活既無名又無利，不為他人所理解，但自己卻無怨無悔，這才是君子呀！

歷來解釋這段話，都偏重於「時習」、「討論」。這樣偏重於「學」固然不錯，但更重要的，恐怕還需偏重「悅」與「樂」。程頤說：「學者需要玩味」，「非樂不足以語君子。」愛因斯坦說：「興趣是比責任心有力得多的東西。」以學爲任務、爲責任，學得很被動，因而覺得很苦，這是較低的境界。需要學出興趣來，探求涵咏，濡沫商量，其樂陶陶，才能夠流連忘返，與時俱進。張岱有個很好的比方：這樣的學習就像彈琴，經常演奏，心手相應，其中有一種悠然自得的意趣。

知音遠道而來，相對操演，神會意賞，莫逆於心，那是人生無可比喻的至樂。

中國自來有一種人文風流，其主要內容就是個人吟味涵咏和大家以文會友。前者我們舉陶淵明《五柳先生傳》所寫情景爲代表，這位五柳先生：「好讀書不求甚解（即不斤斤於章句解釋）；每有會意，便欣然忘食。不戚戚於貧賤，不汲汲於富貴，酣觴賦詩，以樂其志。」這是陶淵明本人的寫照。他沈醉於讀書、寫作之中，從中獲得了最大的滿足，他在詩歌和散文上不企及的獨到成就，正是這樣取得的。

創作的最高境界正是以創作爲快樂而達到的，英國作家說：作者寫作時很快樂，那麼讀者在讀它時才會極快樂。

後者我們舉王羲之《蘭亭集序》所寫作爲代表。永和九年那一次有王羲之、謝安等參加的「群賢畢至，少長咸集」的聚會，四十多文人在天朗氣清，惠風和暢的春天，在崇山峻嶺，茂林修竹的環抱中，列坐在清流急湍的溪水旁，一觴一咏，飲酒賦詩，大家各呈才藻，競展風華，自然景物之美與人的才華之美結合在一起，互相輝映，成爲永遠令人艷羡不已的壯舉。

讀書人、文人所以從事的是清苦、寂寞的事業，只有能甘於（甘者，甜也）清苦，寂寞的人才能享受其中的樂趣。

這是一種中心有得、精神充實、師友相聚、文采風流的快樂，的確是很高境界的快樂呀！

東魯春風吾與點

曾點說；我認為最好的事是：

暮春三月，穿著輕便的春裝，和五、六個朋友在一起，帶上六、七個小孩，在沂水裡洗洗澡，在舞雩台上吹吹風，然後一路唱歌、一路走回家。

孔子聽了深有感觸說：我的志願是與曾點一樣呀！

有一次，孔子和幾個學生在一起談心，他鼓勵大家大膽地說出自己的眞實志願。子路最爲志大，說：「一個有一千輛戰車的國家，面臨內憂外患，我去治理它，三年時間，就能使大家充滿勇氣，並且很守規矩。」冉有和公西華一貫比較謙虛，一個說：「方圓六、七十里或五、六十里的小國家，我可以在三年內使人人富足，至於禮樂敎化，那還要靠別人來幫忙。」另一個說：「我的本領還不夠，但願意不斷學習，在祭祀和外交典禮上，我可以穿戴整齊去做個小司儀。」最後輪到曾點，他鏗地一聲停止了彈琴，站起來說我認爲最好的事是：「暮春三月，穿著輕便的春裝，和五、六個朋友一起，帶上六、七個小孩，在沂水裡洗洗澡，在舞雩台上吹吹風，然後一路唱歌，一路走回家。」孔子聽了，深有感觸，長嘆一聲說：「我的志願是與曾點一樣呀！」

曾點是孔門七十二子中的狂者。

「狂」是什麼意思呢？狂就是「眞率自由」。

在世俗生活中，不能不有成千上萬的規矩，眞率自由地表達自己的人，難免要破壞這些規矩，因此勢必與那些謹守規矩的人起衝突，這樣，狂在世俗生活中倒成了一個貶義詞。其實，狂是人的眞性藉以存在的一種形式，或者說，狂就是人的眞面目，所以得到孔子的肯定：一個人做人做到恰到好處是不容易的，那麼還是寧可有點狂狷精神吧！

現代作家張愛玲曾講過這樣一件事：一個小孩騎著童車從高坡上往下衝，在中途他高興得不得了，索性放了兩手把。看到的人都不約而同發出「啊」的一聲驚叫，但那小孩卻笑嘻嘻地衝下來了。這又使看到的人個個歡喜。爲什麼呢？作者議論說：人生最難得的就是撒一撒手啊——那樣事事抓得緊緊的、握得死死的，多麼沈悶呀！這樣撒一撒手，讓自己眞心地笑一笑、樂一樂，就是「狂」。

朱熹《論語・言志章》的注，寫得極好，後來康有爲注《論語》，就主要是引述發揮朱注。朱注說：曾點是狂者，未必能爲聖人之事，但卻能知聖人之志。

聖人之志就是——使年老的人因他而享安樂，使朋友信任他，使年輕人懷想他，使萬物都能實現自己的本性。這是一種多麼美好的品質！但獲得這樣美好的品質，首先要養成一種美好的人格，能胸次悠然地對待生活，能在日常生活之中發現事物的美妙，這樣，沒有不可及的貪求，自足、自得，與物相接，天不興會勃發，從容自由，隨處受用。而像曾點那樣，「暮春三月，春服既成，冠者五六人，童子六七人，浴乎沂，風乎舞雩，咏而歸」，不過僅是其中的一個具體事例而已！

君子坦蕩蕩　小人常戚戚

孔子說：君子的心胸平坦寬闊，小人卻經常侷促憂愁。

子路問孔子：君子也有憂愁嗎？

孔子回答：君子在沒有得到職位的時候，在修養心志中感到快樂；得到職位後，在辦好政事中得到快樂。

因此君子終身快樂，沒有一天憂愁。相反，小人在沒有得到職位的時候，就憂慮自己得不到；得到職位後，又生怕失去它，因此小人終身憂愁，沒有一天快樂。

人有不同的精神境界，在精神生活中，每個人就住在自身境界的家園中，是好是壞，舒服與否，他都必須有這麼一個家園，「搬家」是不可能的。纖巧勢利的人，無論如何也做不到那種專心努力、得失無深掛懷的人心理生活的爽朗豁達。

人的外在生活，最顯赫的，無非是勢利、名聲。但有勢、有利、有名，並不一定心理舒適快樂。享受「其臥徐徐（睡得安安穩穩），其覺于于（醒來逍遙自得）」的心理快適，需要另有一套本領，另有一種造詣。

享受自己的心理生活，總體來說，需要內心充實（古人所謂「中實」），即在道德、人格、知識、趣味、情感等方面，比較完善，有一定質量，達到一定境界。只有這樣，才能有正確的自足感。有正確的自足感，才能避免無節制地被外界事物刺激和騷擾，從而建立一個和諧殷實的精神之「家」。

要達到內心充實（中實），具體依靠下述三個方面：

敬業精神　心情寬舒坦蕩，並不只是像曾子那樣一味向內自省自修，也不只是像莊子那樣一味委棄世事。最正確的是：需要「但問耕耘，無論收獲」，突出工作過程的投入，而不一味患得患失於工作結果；突出自己專心盡力，而不一味去攀求外在的憑藉。這樣，自然會對工作本身產生愛戀之情。有所愛戀就能使生活有意義。生活有意義的人，心理自然充實。所以說，「君子以敬業爲本。」

知命態度　康有為認為：有關心理憂愁和快樂的道理，不知命一句話可以說盡。君子不強求天生的東西（如：出身、智愚等），不抱怨命運，遇到困難，像遇到平常事一樣，所以無論在什麼時候，都能自得其樂。如果學有所成，對自然和社會的規律有所發現，心情就更加泰和。可見，知命態度是心情坦蕩的必要條件之一。

排除妄心和私慾　世界上最折磨人的東西，是人自己的慾望，尤其是那種非分之想。現實生活中，種種得失利害對人的刺激，無時無刻不在發生，如果慾望太盛，這種種刺激每一次就都特別尖銳。康有為說：人為一己私慾所繫縛，被外物顛倒役使，成天患得患失，剛從這件東西的追求中解脫出來，又跌到那件事的營求中，就沒有一刻可以安寧了。

仁者不憂

孔子說：仁和的人不憂慮，智慧的人不迷惑，勇敢的人不畏懼。

有人解釋說：人的才智性格各異，在修養自己的時候，哪些地方需要特別用力也互不相同，但有三方面是人人都需下功夫的，即如何做到不憂、不惑、不懼。

仁者不憂，智者不惑，勇者不懼，這是儒家人格要求的三個基本要素。康有為解釋這三方面說：「人之生世，憂患、迷惑、恐懼，乃共苦者。極樂、大明、無畏，乃神明之至，人道之極。孔子深得極樂之道，隨入何地，皆歡喜自得，而永解苦惱者也；備極大明，隨入黑暗，皆光明四照，而永無迷失者也；浩氣獨立，隨入危險，皆安定從容，而絕無畏懼者也。故仁智勇三者，乃度世之寶筏也。」

這三方面是彼此關聯的，但最基本的基礎，第一原動力是仁。仁就是以愛心對待世界、對待衆人、對待萬物，這是向外交接的方面；而在向內修養方面，則是要心性和諧，不被那些自己努力達不到的東西、那些爲時運所制約的東西、那些人人皆不可抗拒的東西所騷擾。兩者合起來，就是和心和物，就能不憂不煩。人只要有這樣的氣度和德性，就能客觀地認識萬物，不斷增進知識和智慧；同樣也只有：有了這樣的德性和氣度，又有了對事物的必然規律的正確認識，才能夠對各種逆來之事無所畏懼。

對於一個二十世紀的現代人來說，仁、智、勇三者，仁的方面更爲難得，因而也更有意義。現代物質生活高度發達，物慾對人的刺激百倍強烈；現代人際交往全面開放，社會關係對每個人都是嚴峻挑戰；現代生活節奏快速，謀生的奔忙使人失去了精神的閑和；現代社會技術化滲透到一切領域，人也成了技術運轉中的一個環節……人人在競爭中生存，時時有朝不保夕的緊迫感，處處有喧囂、有矛盾，憂煩充滿人生。孔子那種只問耕耘，不問收獲，堅定執著地努力，成敗聽諸天命，把一種崇高的信念安放在日常具體的行爲中，因而就結果看雖似一無所獲，但就過程看人生的每個環節、每個舉措卻都是那樣充實、豐厚、自足，因而堅忍緊迫而不惶惑憂懼，因而對外來的刺激，對世人的歧視皆受而不驚……這樣偉大的仁者品格，怕已成爲舉世絕響了。我們只能於靜中側耳聆聽，希望它有一兩個音符在我們的生命中響起，與我們的人生相伴。

或者，不得已而求其次：只要日子過得充實，內省無所愧疚，不爲不相干的白操心、乾著急，也可達到不憂不懼吧。人能不憂者，中實故耳。「中實」這兩個字，是人人都可下功夫做得到的！

幽默(一)

幽默就是……

不要端著架子做人、過於自尊、或太看重自己；

自己把自己作爲負擔背著輕鬆不起來，幽默也就無從說起。

孔子並沒有說過關於幽默的話，但孔子的性格和言行中卻時時流露一種很高境界的幽默智慧。

儒家重禮，言行間都有一套規則，進退揖讓，恭謹方面，弄不好就流於迂執酸腐，沒有一點塵俗的活氣。其實，孔子是很風趣的，很多時候都不乏幽默感。幽默的一個重要方面，就是不要端著架子做人，過於自尊，或太看重自己的地位、本領及名聲。自己把自己作爲負擔背著輕鬆不起來，幽默也就無從說起。

在現實生活中，不大不小的官的太太，可能是最缺少幽默感的，原因也就在這裡。官太小，還可以不離群衆，官較大，許多事都可以無所謂了，所以都不端架子，就是不大不小的官的太太，看到丈夫好不容易尋得那點地位，如小孩一年到頭得的那點壓歲錢，時時刻刻揣著，時時拿出來顯示。

孔子做過魯國的司寇（司法部長），周遊列國雖很辛苦，但打交道的都是國君一流人物，後來專門教書，也極受尊重，學生把他比作日月。但孔子自己，並不自以爲了不得，反而說道：「有十戶人家的小村鎮，就有像我孔丘這樣的人，只是他們不像我這樣好學罷了。」又說：「有人說我是聖人和仁者，孔丘豈敢當，我不過是一個爲人不厭、誨人不倦的教書匠。」正因爲這樣，他和學生在一起，也開點玩笑。有一次，他剛到了他的學生子游做縣長的武城，就聽到一片彈琴唱詩之聲，孔子微微一笑，說：「哈！宰雞，用得著牛刀嗎？」言下之意，似是治理這個小地方，用不著進行禮樂教育。子游當時正接待老師，說：「您以前不是講過，做官的受了教育，就有了仁愛之心；老百姓受了教育，就比較容易領導嗎？」孔子說：「是啊！我剛才只是同你們開開玩笑罷了！」

孔子很善於放鬆自己。

有一次，他和幾個學生在一起聊天，大家各自談起自己的志向，有的說：「如有人用我，我能使一個小國家強大起來，不受大國欺負。」有的則說：「我要努力發展經濟，使人民都富足。」有的說：「我喜歡辦辦外交，主持些典禮儀式什麼的。」最後孔子問正在彈琴的曾點，曾點說：「我與他們都不一樣，只想在春末夏初，穿上單薄的衣服，邀幾個人，到河裡洗洗澡，在河邊吹吹風，然後談笑放歌地回家。」孔子立即說：「曾點的志向就是我的志向！」的確，孔子一生，克己復禮，悽悽惶惶，是夠緊張夠執著的了，但他並不是時刻把解放全人類的擔子背在肩上，像魯迅所諷刺的，切西瓜吃還想到國土被瓜分！相反地，他也有放下擔子輕鬆地生活的時候！

這是孔子幽默的一面。

幽默(二)

幽默就是……

正確地對待生活的艱難，用一種主觀態度去化解自己遇到的困境，化嚴重為輕鬆。

幽默的第二個方面，就是能正確地對待生活的艱難，用一種主觀態度去化解自己遇到的困境，化嚴重爲輕鬆。

孔子的一生，碰了不少壁、遇了不少難堪事。孔子不是垂頭喪氣、潦倒頽唐，不是憤世嫉俗、怨天尤人；他的做法是，一方面自己很執著，痴心不改、無怨無悔；另一方面又很寬厚平和，很樂天知命，對於各種橫逆之事能很輕妙地應付過去，談笑中撥雲見月，還心靈以一片寧靜、一片仁和、一片慈憫，成爲一種不可企及的渾涵博大。論幽默，這是最高境界的一種幽默，因而也是最不可企及的。因爲孔子認識到，爲人之責，是盡量培養和發揮自己的才智與力量，不斷努力；但個人的力量總是有限的，成敗均非一己之力所能定，所以成功與失敗，在盡了自己的努力之後，都沒有什麼好掛懷的，應該能夠寬容寧靜甚至愉快地接受。

有一次，公伯寮在季孫氏那裡進讒言，要危害子路，子服景伯出來打抱不平。孔子說：「至於我的主張能否實現，自有天命，公伯寮能怎麼樣呢？算了吧！」

又有一次，孔子在匡地被人錯當強人陽貨圍困住了。他毫不畏懼，說：「我辛苦求學，終於掌握了文明以來的文化遺產，如果上天要滅絕這些文化，就不會讓我來掌握，上天如果還要保留這種文化，匡人又能把我怎樣呢？」

這又是一種達觀，是儒家最博大的一面，也是儒家與其他幽默不同的地方。

孔子生前，常不被人理解，更甚者遭至誤解，他悽悽惶惶地到處推行自己的政治主張，但均不被接受。有一次在鄭國與學生失散了，他一個人站在城東門邊，鄭國人對子貢描繪他的樣子，說就像一條喪家犬一樣。子路把這話告訴孔子，孔子很開心地笑了，說這個比喻太恰切了，太恰切了！

又有一次，有一個人評價他說：「孔子真了不起，什麼都通，樣樣稀鬆。」孔子說：「要我專攻什麼呢？是射箭，還是駕車？如果要專攻，我就專攻駕車吧！」在誤解面前，孔子的幽默可以說是很出色的。

成功和發財，是人人都想追求的。可是孔子終身沒有追求到。雖然沒有追求到，但他仍然很開心，甚至能開心地取笑自己。有一次，學生子貢旁敲側擊地說：「有一塊美玉藏在匣子裡，是不是等別人出高價才賣出呢！」又有一次，孔子對學生開玩笑地說：「若是能發財，讓我替人趕馬車我都做。若是不能，那還是做我自己喜歡做的事吧！」

幽默是一種語言技巧。孔子在言語間，也常有俏皮話。例如有一次，晉國佛肸招聘孔子，孔子想去。學生子路說：「如果佛肸想謀反，您都要去，這怎麼說得過去呢？」孔子說：「最硬的東西磨不薄，最白的東西染不黑！我難道是個匏瓜嗎？怎能只是被懸掛著而不給人吃呢？」但孔子畢竟不是耍嘴皮子的人，尤其不是那種以言語逗人發笑的人，所以這一方面，我們也就存而不論了。

日常生活中的禮儀

《論語・鄉黨》一篇……

記述孔子平時一切語言、表情、行為均謹慎守禮，不貪、不驕、不苟且、不放肆的事實，其中包含著在現代人的生活的人情禮節。

孔子與鄉親、鄰居相處，氣色十分謙虛隨和，好像自己不善於講話似的，並不表現自己的道德學問高人一等；上朝值班，雖然說話也很謹慎，可是在關係禮法政策的大是大非問題上，卻勇於也善於發表意見。這與那些對下驕傲賣弄，對上卻溫恭討好的人，是多麼不同呀！

孔子上朝值班，心裡總是那樣莊敬謹慎，好像有所畏懼的樣子，下班回來，才面色輕鬆，怡然自得。這樣敬事自己的工作，生怕弄不好出了紕漏，是一個人的立身之本。在這方面，莊敬之禮是做好工作的一種心理保證。

孔子坐車，總是好好地坐在自己的位子上，不左顧右盼，不大聲講話，不指指劃劃。《禮記‧曲禮》上還說，孔子坐車，不隨便咳唾。行爲有禮，也包括遵守公德。在公共場合，是不應該只顧自己，不顧他人的，以不文明爲瀟灑，做出許多醜態，就是污染他人的生活環境。

托人向在遠方的朋友問好送禮，孔子必定在交托之後還要去送行。這種愼重，一來表示如親見友人一樣的敬禮，一則表示對麻煩他人的謝忱。

孔子對穿衣吃飯，都很講究。在穿戴上，黑色配羔羊皮，白色配小鹿皮，黃色配狐皮，顏色式樣一定要搭配好；春夏秋冬的衣服要與四季氣候相合；逢年過節訪友見客要換衣打扮，總之要做到儀表儀態盡量美化。在飯食上，米糧不嫌舂得精，魚肉不嫌切得細。食物如有變質，不吃；顏色難看，不吃；氣味不好，不吃；烹調不當，不吃；切割的方法不對，不吃；沒有醬醋等調味品，不吃；對質量沒有把握的，不吃；不是當吃的時候，不吃；吃肉不能超過吃主食的數量；喝酒不限量，但不要喝醉；飯後助消化的東西，不多吃。

禮，不僅是約束人言行的規範，也是一種很美的儀式，很有講究的藝術，所以現代學者辜鴻銘用英語的「ART」來翻譯這個字。

我們在孔子對吃飯穿衣及爲人處事的講究上，可以很清楚地看到這一點。

如何擇婿

孔子評價公冶長：他雖然曾坐過牢，但那不是他的罪過。人們是可以把女兒嫁給他的，於是他把自己的女兒嫁給了公冶長。

孔子又評價南宮適：他把《詩》中的「白玉弄髒了，還可以磨乾淨，話說錯了，卻沒有法子補救。」幾句讀了又讀，這樣言行謹慎，遇到政治清明，總會有官做；即使政治黑暗，也不因言行觸刑網，可以保妻全子。於是把自己的侄女嫁給了他。

選擇女婿不是件小事。父親擇婿比女兒自己挑選丈夫還要困難。

二十年辛勤培育，養成一朵千金花苞，給誰都覺得誰不配，心裡總是捨不得。現代作家余光中的著名散文《我的四個假想敵》，說自己看著四個女兒一天天成人，就覺得有四個強敵在門外窺伺，心裡萬分難受。雖然「男有婦，女有歸」是儒家同時也是人類最健全的理想，在理智上、行為上，女兒一長大，父母就做著把她嫁出去的準備，但在心理上，他卻巴不得女兒總也長不大，能夠常在自己身邊。

於是就有擇婿的萬分慎重。在這慎重之中，作為父母所考慮的，最根本最基礎的是：第一是對方人品要好、可靠，不會虧待自己女兒；第二是各方面條件與自己的女兒大致匹配，名花入俗不好，路旁一棵小花供到朱門大戶，也不好。世上的人是各式各樣的，具備了上述基礎的條件，就在可考慮入選的範圍之內了。

孔子選擇女婿，正是這樣。公冶長這個人，才高好奇，磊落瀟灑，又有特異功能，能聽懂鳥類的語言（有兩種傳說他因聽懂了鳥語而入獄的故事）。

一種傳言說，他剛從衛國回到魯國，就聽到鳥雀互相呼喚到清溪邊吃死人肉。他把這消息告訴了正為兒子下落不明在哭泣的老太婆，老太婆趕到清溪邊，果然看見自己的兒子死在那兒。村長斷定公冶長是殺人者，他因此入獄，到第六十天，一群鳥雀在屋檐上嘖嘖喳喳，十分興奮，公冶長立即被吸引了，馬上臉上泛起了笑意，接著便頗會心地觀察著。監獄長問他：「你說這些鳥雀在說什麼呢？」公治長說：「白蓮河邊翻了輛糧車，它們相呼共去啄食。」監獄長派人去看，果然如此，於是才放了他。

另一種傳說則說他因鳥語而到南山奪得一隻老虎咬死的山羊，後來山羊主人說羊是他偷的，因此導致他被魯國君收監。不久，一群小鳥飛到監獄告訴他，齊國軍隊已出發攻打魯國了。他把這消息告訴魯君，魯君急派人偵察，並作好應戰準備，打敗了齊軍。魯君因此厚賞他，又封他以大夫的爵位。但他認爲以鳥語得富貴就如同因鳥語獲罪一樣，是很荒唐的，所以推辭不受。

南宮適是另一種人。他處世十分謹愼，三思而後言，很少批評時政、說人短處，行爲更是方正莊敬，不放縱，不苟且。這兩種人，孔子都選作女婿。有人說南宮適比公冶長好，孔子把侄女嫁給他，是爲避嫌。對這種說法，前人已多有批駁。程頤說，其實孔子只是「量才求配」，自己的女兒聰慧好學，所以嫁給公冶長，侄女兒本份端莊，所以嫁給南宮適。兩個女婿才具不同，道德卻沒有高低。不然，孔子弟子三千，爲何要在其中選一個品行較差的呢？

末了，想到林語堂《生活的藝術》講到擇婿標準說：「無甚高要求，只要眞正懂人情物理就好。」語堂先生有三個女兒，這話是他肺腑之言。眞懂人情物理的人，便是最能與所愛攜手享受人生的人（這可作爲擇婿的一條金言，所以附述於此）。

博學而篤志

《論語》說：興趣廣泛，學習多種多樣的知識，同時又要堅守自己的志向，認定目標百折不撓地努力。

又說：人的追求不宏大，或信念不堅篤，都不行。

朱熹解釋說：人學而有所得卻眼界太狹隘，就會固執一孔之見；同樣地廣聞博見而守不住自己的志向，則會一事無成。

一個人讀書治學，要有點眞正的成就，的確很不容易。且不說其中清貧不易守，青燈黃卷也難熬。即使能守能熬，也容易走偏了路子，不是流於狹隘，就是流於放任。或者說，不是眼界未打開，就是主題未守住。

舉例來說。

從前有一個醫生，專攻牙科，他的一個很有才華的侄輩正讀大學，對他說：世界上什麼不好研究，為什麼要選小小的幾顆牙齒弄來弄去呢？對這位青年人來說，世界之大，未知領域之寬，新奇事之多，都很誘人，巴不得一口吃成個大胖子，做個天上的事及地上的事全知道的百事通，所以不能專注於一點，不能專注地研究人們的牙齒及其疾病。可以肯定，這位青年若不改正自己的觀點，就很難學有所成。

另一方面，要弄清人的牙齒及疾病，拘守於幾顆牙齒也不行。

牙齒的好壞與家族、與人的體質、與一定的生活習慣、與身體其他器官的機能都有關係，所以，不懂遺傳學、生理學、病理學甚至社會學不行，如果要治療、修補好人的牙齒，那牽涉的領域就更多了。而這一切，都是研究治療人的牙齒所必要的基礎。所以前人有一句話說的好：學問有如金字塔，要能博大要能高。

因此，《論語》所謂「博學而篤志」，所謂「執德不弘，信道不篤，篤能為有（怎好算他有學問），焉能爲無（又怎好算他沒學問，全句意謂他對學問無足輕重）。」就是一種最科學的讀書治學的原則和鑒戒。尤其在現代社會，信息流通量大，新知識層出不窮，各門學問經典林立，發展很快，我們既要抬高手眼，廣博地吸收有關的新知識、新成果，以期追隨現代科學發展的步伐；又要認定自己的學習目標，把握住一定的主題和中心，以一貫之，鍥而不捨，使自己學有專長。

其實，這樣的態度何止於做學問需要呢？做任何一件事，或者做任何一種營生，要有所成，哪一樣不篤志，哪一行不從大處著眼，小處著手！

孔子從做學問處立言，我們不妨往人生事業上理解。

不求速成　不只見小利

子夏做了魯國莒父縣長，向孔子請教行政之道。孔子說：不要求速成，不要只顧小利。求速成，反而達不到目的，顧小利，就辦不成大事。

所謂：「板登要坐十年冷，文章不寫一句空。」就是這個道理。

人在世上要做點事業，常常面臨許多不無遺憾的選擇。所謂不無遺憾，就是二者不可兼得。想求快，你就別做大事業；要做大事業，你就得有非凡的耐性。

還是明代張岱說得好：「做事第一要有耐煩心腸，一切蹉跌、蹭蹬、歡喜、愛慕景象都忍耐過去，才是經綸好手。若激得動，引得上，到底結果有限。」或者，計較於細故，就別想有大收穫，想要有大收穫，你就必須放棄一蟲一米的小得失。《呂氏春秋》上說，小利是妨害大利的勁敵，不放棄小利，就無法獲得大利。

貪小利，求速成，常常壞事。

春秋時代，晉獻公送給虞公很多玉璧車馬作賄賂，向虞國借路攻打虢國。虞公愛小利，不聽宮子奇勸諫，晉軍消滅虢國之後，班師回來順便就把虞國給吞併了。這是過去時代政治軍事方面的教訓。今天，無論經商、治學，都不能貪小利、求速成。康有為說：「學者之患，皆在見小、欲速，由於志趣不遠，規模不大，而成就因此狹小。」所以他說他平生最服膺孔子的「無見小利，無求速成」這句話。記得著名歷史學家范文瀾有兩句話：「板凳要坐十年冷，文章不寫一句空」。只有能坐十年冷板凳，才能學問不空疏，寫出紮紮實實的好文章來。

現代社會節奏成倍加快，人們更追求眼前生活上的物質利益，貪小利，求速成的心理更為普遍。所以，無見小利，無求速成，樹立大志向，並且又能拒絕種種誘惑，守得住自己樹立的志向，是更加困難了。但是，人一輩子要追求較高的境界，做點較大的事業就必然要作出犧牲。世界著名畫家高更為了追求繪畫藝術的成就，不顧妻子的堅決反對，毅然放棄了收入豐厚（每年三萬法郎）的股票交易所職位，深入到南太平洋塔希提島上，過當地土人的生活，力圖以他們的心理與眼光來感受和觀察事物，用簡化的輪廓和強烈的大色塊來表現一種單純、率直、強烈、粗放的美，以他的成就爲各種形式的原始主義美術開闢了道路。

志於利祿是學者之大患

孔子說：

數年發憤，勤奮苦讀，而不想做官發財的人，真難得呀！

中國古代很少有爲研究學問而求學的。

讀書的目的在應試做官，所謂「書中自有千鐘粟」、「書中自有黃金屋」，是社會關於讀書求學最基本的觀點。中國歷史之長，文化之發達，讀書人之多，但竟如此缺少純粹爲學術之人，如此缺少自覺地、全身心地（而不只是作爲作官之餘的業餘愛好）獻身各門科學研究和文藝創作的人，是十分令人驚異的。

唯官，是中國人根深蒂固積久彌堅的奴性表現之一。讀書人沒有自覺獻身學術的獨立精神，要擺脫依附的奴性，是不容易的；作爲社會精英的人尚且如此，整個社會要擺脫奴性，更是談不上！

孔子當時就有感於此。他說：「三年學，不至於谷（谷即俸祿，即做官吃皇糧，兼搜刮民脂民膏），不易得也。」遺憾的是，感慨終舊只是感慨，一本《論語》，後人不知在其中討了多少飯吃，但寂寞的孔子，即使做了熱鬧的聖人，也仍難免寂寞，沒有人來理睬他的這一感慨！

清代劉寶楠說得很圓泛：《周禮》中已規定官府三年選拔一次人才，但有不顧「小成」（即做小官）的，則可以繼續讀書，讀滿九年，達到大成（做大官）。孔子因爲讀書人「躁於仕進，志在利祿，鮮（少）有不安小成者」，所以發出「不易得」的感嘆。這種解釋似是同情孔子的觀點，但實質卻與孔子的觀點恰恰相反，仍然是用「學以求谷」在解釋。

讓我們拋開這些卑瑣的心靈吧！整個自然界和生命界的神秘難道對中國的讀書人就這樣缺乏召喚力嗎？爲什麼就沒有「認爲發現一項科學眞理，比征服一個帝國更重要」的伊比鳩魯那樣的哲學家和科學家探索者呢？這危害了多少代人，也危害了我們整個民族多長的時間呀！康有爲說：「學者之大患在於利祿。一有此心，即終身務外欲速，其志趣卓污，德心不廣，舉念皆溫飽，縈情皆富貴，成就可知矣。」讀書人以「志在求谷」而讀書，「成就可知」；同樣，整個民族以「志在求谷」而讀書，不也就難有大作爲嗎?中國近代因理性、科學落後而導致整個社會政治經濟全面落後的歷史，都證實了這一點。

近代科學的始祖培根壯年出入宮廷，做了數年司法大臣，晚年退居書齋，曾嘆惜仕途生涯耽誤了大好年華。翻翻中國歷史，則見到的盡是仕進不遇的訴窮抒怨，哪來培根似的感嘆呢!

學如不及　猶恐失之

孔子說：

人讀書求學，就像追趕什麼似的，生怕趕不上；趕上了，又生怕失掉。

小學老師常引一首古詩教導學生：「明日復明日，明日何其多;我生待明日，萬事皆蹉跎。」小學生養成今日事今日畢的習慣，不僅對於讀書，而且對他一輩子做人，都是很有好處的。萬事「才說姑且待明日，便不可也」，讀書治學，尤其要有點「追亡救火」的精神。在這方面，前人有許多金言：

君子愛日以學，及時以行。

——《禮記·曾子立事》

其為人也多暇日者，其出人不遠矣。

——《荀子·修身》

辰手辰（時光啊時光），喝來之遲，去之速也？君子競諸（即與時光競賽）。

——揚雄《法言·問明》

人一生時光就只那麼多，敏捷地去抓還來不及；即使抓住了，也「不能據守，旋得旋失之。如果優遊暇豫，作輟怠緩，其必不可得。」

——康有為《論語注》

許多知識分子，以「追亡救火」的精神治學和從事研究。筆者曾在一位大學老師的書桌上，看到他恭祿《離騷》中這樣幾句話：「汩餘若將不及兮，恐年歲之不吾與；恐鵜鴂之先鳴兮，使百草爲之不芳！」在十年來的時間裡，他共發表、出版了近兩百萬字的論文與專著。可以說，在學業上要有點成就，不與時間競賽，不從時間老人手裡去搶、去奪，是不行的。

時間是無限延展的，上午過了有下午，下午過了有晚上，今日過了有明日……這使人也把自己要讀的書、和要做的事，順著往後延展，總想明天會有精神、有興趣的，其實明天的時間也只是今天時間的重複，明天的自己也不過不自覺地重複今天的習慣罷了，不能從「此刻」振奮，「以後」也終難以振奮。生命在延展，但卻不是無限的。幾十年，大限即到，我們把今天要讀的書要做的事延展到明天，實際上也就在我們一生所能做好的事中減去了一筆，在今生所能取得的成就中減去了一筆。

優遊暇豫，作輟怠緩，也是不行的。人一生時間是有限的，一個社會提供給成功者的「交通工具」也是有限的，跑在前面的人上了火車，其次只能坐汽車，再其次踩單車，再其次靠步行，一步落後，追趕起來就很困難。駕汽車去追火車，不知要受多少顛簸，踩單車則無論怎樣賣力，追火車也是做不到的……所以康有為簡捷地下判斷：優遊暇豫，作輟怠緩，其必不能得！人生做成幾件事，沒有速度，很難！

馬克思計劃寫莎士比亞那樣的戲劇，魯迅計劃寫深刻的長篇小說，最終都只留下了遺憾！黃侃先生計劃五十歲以前以學為主，五十歲以後才專門從事著述，但時間不成全，他只活了五十年，使一肚子學問長歸寂寞！康德四十五歲升了正教授後一個字不發表，十餘年潛心構思《純粹理性批判》，到了五十五歲，他感到這樣重大的著作，再不動手，自己就沒有體力來寫完它，於是匆匆寫了出來！普魯斯特體弱多病，不能從事戶外活動，於是把自己禁閉在門窗經常不打開的房間裡達十五年之久，寫出了七大卷兩百萬字的《追憶逝水年華》……人類這些刻苦天才的事跡，給了我們什麼樣的啓示呢？

想到了就趕緊做，何止是做學問。大千世界，各種行業、各種人生，都有自己的事業，要獲得事業的成功，須各方面都努力，都用心。但最基本的一點就是「抓緊」——

像怕誤了車，誤了船，快走快走！

像貴重的東西怕被人拿走，看住看住。

業之不及，猶恐失之！

不是一時事，人生當一以貫之。

知之爲知之　不知爲不知

孔子對子路說：仲由呀，我告訴你如何求知吧，知道就是知道，不知道就是不知道，這才是追求知識的正確態度！

荀子說：對於學問上沒有解決的問題，見聞無法達到的事物，知道就說知道，不知道就說不知道，對內不欺騙自己，對外不欺騙別人，這樣的人是雅儒。

子路這個人，有英雄氣概，遇事急躁，如此個性難免有些喳喳唬唬，甚至在對待一件具體的事情，強不知以爲知，愛表現自己。因此，孔子就告誡他：「知之爲知之，不知爲不知。」

據說，子路一開始去拜孔子爲師的時候，衣著華貴，盛裝打扮，儼然一副學者派頭。孔子見了說：「仲由，你這樣衣冠楚楚，爲什麼?長江從岷山流出來，水很小，只能浮起酒杯；等到了下游，才表現出礴岸呑舟的氣勢。你現在就這樣衣著尊貴、洋洋得意，有誰願意收你做學生呢？」

他馬上回去換了衣服再來，孔子說：「仲由，你記住，說話負責的人不隨便說話，行爲周到的人不自誇，把才能都顯在臉上，那是小人作風。君子知道就是知道，不知道就是不知道，能做就是能做，不能做就是不能做，從不端架子哄抬名聲！」

這個故事說明的道理很簡單，但要眞正做到卻很不容易。幾千年來，已爲孔子申誡的子路的毛病，還常常變成一些人身上的「貴恙」，並且有越來越嚴重的趨勢。尤其近代以來，像江河中的波浪一樣，一浪一浪地流行各種主義。造成了很多借主義自飾的浪峰人物。其實，對這種種主義，他們自己並不知道多少，更不用說對其性質、長短有個利害得失的理解了。任何主義，本身都不能沒有偏弊，加上有些人又沒有弄清實質，以一己私意曲解，這種一陣大哄大哄的鼓吹之後，危害也就在所難免。他們自己成了名，但社會卻因此受了害。這是最要不得的一種現象。

這對人的思想和智慧的危害是很嚴重的。任何時候，主義越是流行，能運用自己頭腦的人就越少，虔誠地信奉主義的人越多，有思想的人就越寂寞。任何主義，無不是有所見，有所偏，因此沒有一種主義是能解決一切實際問題的。人就在實際中生存，居然置實際於不顧，唯主義是從，不是自欺，就是欺人。人爲萬物之靈，靈就靈在有一副能思想的頭腦。自欺愚己，欺人愚人，爲了一己的名利地位，搖著主義的旗幟，愚弄自己和別人，不是太不應該了嗎？

認識的深化，科學的進步，人的智慧的發展，靠的是實事求是的精神，靠的是以所知求不知的探索態度，而不是那種嗆嗆唬唬、虛浮躁進的個人表現。孔子對子路的教訓永遠值得記取！

學思並重

孔子說：

只是讀書，卻不善思考，在書中失去了自己，則罔然無所得；光空想，卻不讀書，把自己封閉在一心之內，則狹隘少見識。我曾經整天不吃不睡，憑自己去想，獲益甚少，還不如盡力去學習！

學，就是向外吸收知識來營養自己。這一點很重要。多少農家子弟，人很聰明，天賦並不差，但受教育少，躬耕壟畝，一輩子為農夫。社會上，有許多人，就是因為生長環境不好，學習條件差，致使發展受到限制，一生都被耽誤了。這些都是很可惜的。人有天賦，也有讀書的條件，但年輕不懂事，不知高低深淺，依恃自己那點才華，以為可以白手起家打半個天下出來，把很多時間都用在自己的空想、「創作」上，到頭來，一事無成。在大學裡，就有些學生，崇尚「靈氣」，埋頭向內心搜求，苦思、妄臆，把極好的讀書求學條件放過了。

其實，上天是很吝嗇的，他老人家並不會把八斗才華放在一人身上。他在上天，向下面「灑灑水」，讓每個人都接著一點。靠接的這點天降水，做不了多少事。所以靈氣固極可貴，但也不算什麼。要用學問經驗去發展它才行。在具體事情上也是這樣。我們百思不得其解的問題，問問前人，或者問問師友，哪怕有時只隨便聊聊，可能就豁然開朗了。有時，我們自以爲是自己最得意的創作，翻翻書，可能別人早就說出來了，而且說得更好。所以，北京大學張世英教授回憶做研究生時寫讀書筆記，寫自己的心得體會，導師對他寫的連看都不看。爲什麼？先生知學生——你的火候如何，大概不會超出前人，路還長著呢，還嫩哩！但作業上概述前人思想，先生卻一個字也不放過，精批細改，務使準確無誤。當時覺得很委屈，但後來卻覺得那樣打下的紮實的知識基礎，終身受用無窮。

賈誼《新書》裡還有一個比喻：學如日，靜居獨思如火，放棄學問而一人苦思，就像放棄庭院裡明亮的日光，而借助屋子裡昏暗的火光，可以見到一些東西，但要看得深遠看得清晰則是不可能的。

但是世上也盡有所見不多的半瓶水。大半輩子青燈黃卷，讀了不少，記了不少，但自己只充當了學問倉庫，清查一下，裡面的東西全是人家的，自己一無所有。因爲這樣的人止於所學，而不善對書本所說窮加追問，細致辨析，然後凝成自己的思想意見。所以學問還是書本上的死學問，自己還是所見不多的自己，一點墨水都沒有。康有爲說：「好學而不好深思的人，誦據甚博而不求事理所以然，故絕無心得，終無成就。」他很推崇兩句話，一句是程頤說的「能窮所以然，是第一等人」；另一句是《尙書》說的「思曰睿，睿作聖」。睿是聰明。只有以思爲中心，用思去求學，用學培養思，才能自造聖賢。不然，被聖賢經典、名人名著剝落了自己，滿嘴之乎者也，甚至用之乎者也來嚇唬人，而不知自己已成了陳舊的之乎者也，往輕裡說是好玩好笑，往重裡說是害己害人害社會。中國有述而不作和傳經衛道的劣根性，對於這一層更應驚醒。

所以康有爲說：孔子的話，學、問與思、辨，不可缺一，不可偏廢。不學無以入，不思無以出，始則以學爲先，終則以思爲貴。

述而不作

孔子說：

闡述而不創作，相信和喜愛古代文化，我私自把自己和我那殷大夫老彭相比。

「述而不作」四個字，既表示一種學風，也表示一種政治態度。因爲「作」有思想文化的創新和社會制度的創新（制禮作樂）兩重意義。

正確理解「述」與「作」兩個字，很不容易。我們先看「述」。朱熹說：「述，傳舊而已。」劉寶楠說：「述是循舊。」這些見解在字面上都不錯，但不合乎孔子的實際思想，因而恐怕也有違孔子原意（代表了他們比孔子更保守的思想文化和學術觀念）。孔子的確有很保守的一面，但他畢竟是個偉大的思想家，「傳舊而已」是絕不能成爲偉大思想家的。孔子說：「殷因於夏禮，所損益，可知也；周因於殷禮，所損益，可知也。」在政治文化制度上，他是主張有因有革的，因就是繼承，革就是有所損益。損是減少、廢除那些過時的東西，益是增加、建設適應新形勢的事物。在學問學術方面，孔子也決非僅僅止於「循舊」。他說：「多聞，擇其善者而從之；多見而識之，知之次也。」最好是有選擇、擇善而從，如果只是記誦（即「識」），那是等而次之的。他又說：「學而不思則罔（迷糊、受騙），思而不學則殆（躁進、危險）。」重視學，同樣重視思。思就是對所學的東西有所理解，有所體會，有所引申，有所發揮。他還講：「溫故而知新。」是很看重「知新」的。因此，在他的「好古」之中，有自己的理解、體會、引申、發揮，他是自己的理解、體會、引申、發揮加入到「古」之中來述「古」的。因此，述是闡述，而不只是轉述。馮友蘭說：孔子的「述而不作其實是以述爲作。」他自己編《春秋》，刪《詩》《書》，正禮樂，使原始狀態的文化材料成爲具有內在統一性的文化典籍系列，是述，也是作，是述中有作，是以述爲作。

這後來成爲儒家的一種學風。

《左傳》發揮《春秋》，《易傳》發揮《周易》，《禮記》發揮《周禮》，

《春秋》的「微言大義」成爲《左傳》的眞正歷史，《周易》的占卜記錄成爲《易傳》哲學，《儀禮》的儀式，成爲《禮記》的文化理論，儒家思想就是這樣因革損益，有述有作，像滾雪球一樣，越滾越大。

儒家是漸進論者、進化論者，而不是激變論者、革命論者。在社會、思想、學術由量變到質變，需要發生根本變革的時候，它的保守性就極大。漸進論有一種反對革命論的傾向。孔子說；「其或繼周者，雖萬世，可知也。」這樣的歷史觀，是沒有考慮根本變革在內的。

孔子說：「蓋有不知而作者，我無是也。」在政治上、學問上，以狂躁冒進爲革新、創作的人，應該聽聽孔子的這句敎訓。

學無常師

孔子說：三人同行，其中必定有我可以師法的，我選取他們的優點加以學習。

子貢說：孔子無處不求學，所以不需要一定的老師來專門教他。

有成就的人必須善於學習。現代人求學，都集中在各級各類學校。其實，就人一生需獲得的各種知識來說，學校的教育是很重要的，但同時又是很有限的。所以，在接受一定的學校教育之外，自己還必須善於廣泛地、隨時隨地的吸收新知識，學習新本領。只有這樣，才能不斷提昇自己，獲得更好更大的成績。

這個道理，古人已認識得很清楚了。楚莊王引述仲虺的話說：「諸侯之德，能自爲取師者王。」就是說，諸侯之中，能自覺地擇師求學品德的人，必定可以稱王。孔子更是一貫堅持和強調隨時隨地向別人學習。《史記·甘茂傳》說：「項橐生七歲爲孔子師。」雖然現在已不知道孔子向這個七歲的小孩學到了什麼，但它說明了孔子很善於以人爲師。《史記·孔子世家》記載了孔子向師襄子學習彈琴；《禮記·曾子問》記載了孔子向老聃學習葬禮；《左傳·昭公十七年》記載，孔子聽說郯子向昭子講過少皥氏爲何以鳥名作爲官名（如把管曆法的官叫「鳳鳥氏」，把管刑法的官叫「鳲鳩氏」）的道理，就趕忙跑去向他求教。孔子的確是一個廣泛取法、學無常師的人。

這裡有一個觀念和態度的問題，就是要樹立一種人人可以爲我師的思想。善於學習的人要有一種謙虛、不自滿不自傲的品德，不僅能向比自己高明的人學習，而且也能向雖不如自己，但有一技之長的人學習。最典型的例子，就是所謂「一字師」。現代大作家郭沫若的劇本《蔡文姬》上演時，就曾聽取演員的意見修改過台詞，並稱這些演員爲一字師。一字之長即可爲師，還有什麼不能向別人學習的呢？

另外還要解決一個方法問題，就是要善於即事求學。學習不問其他，只需就事論事，身份、學派、師承等等都能拋棄，在某一件事情上，某一種知識上，我有不懂得或懂得不透徹的，就可以把別人的長處拿過來，使之變成自己的。

常言道：愚而好自用。所謂「自用」，就是自以為是，不知輕重，自以為多麼高明，自吹自擂，眼高手低，瞧不起別人，更不用說向別人學習了。這樣的人，混日子也許還可以，要有什麼成就，則是辦不到的。

學詩

孔子對他的兒子伯魚說：你讀過詩嗎？一個人不學習詩，就像正面對著牆壁站立，一點意思都沒有。

孔子對他的學生們說：你們為什麼不研究詩呢？讀詩，可以興發情感，可以認識民情風俗，可以幫助你進行社交活動，可以讓你排遣心中怨憤……

中國是一個詩國，詩在我們民族文化中具有十分崇高的地位。在上古，詩是「六藝」（詩書禮樂射御）之一；在唐代，詩是選拔官員的主要考試科目。從屈原開始，我國許多大官大將都是大詩人，像曹操、高適、王安石、辛棄疾、納蘭性德等等。

學詩，最重要的一點是，詩的審美價值可以培養健康的人格、正確的人生觀。眞正通詩性的人不可能沒有善良的品性，而人靈魂深處的過失也可以因受詩的陶冶而得到淨化。人是應該有一點精神的。精神從哪裡來?詩歌是人的美好高尚精神最重要的來源之一。我們讀屈原「路漫漫其修遠兮，吾將上下而求索」可以激發奮進不息的意志，讀李商隱「春蠶到死絲方盡，蠟炬成灰淚始乾」可以培養對事業或愛情的忠誠，讀李白《將進酒》可以喚起人生的豪氣，讀杜甫《羌村》三首可以引發對人生艱難性的悲憫……。

人要有高尚的情操，豐富的精神生活，學詩是最好的途徑。那種除了工作、上班以外就沒有人生的人，那些除了賺錢經商之外別無興趣的人，是很可憐的。

今天看來，學詩，就是廣義的審美活動，包括琴棋書畫，包括小說戲劇，更包括電影電視……；今天的藝術審美活動是那樣多采多姿，那樣廣泛普及，我們應該利用這個便利，從中認識生活，陶冶情操，激發想像力和創造力，來增進我們的趣味，完善我們的人格，豐富我們的生活。

樂而不淫　哀而不傷

孔子說：

《關雎》這樣的詩，快樂而不過分，悲哀而不傷人。鄭國一帶的音樂不是這樣，它們輕柔靡曼，特別能誘惑人，破壞了正大堂皇的雅樂的感化作用，十分可惡。

孔子在這裡論詩歌與音樂，同時也是談論人生，因爲孔子總是從對人的作用上來論詩歌與音樂的。孔子的審美和人生理想都是中庸。中庸就是無過無不及，無偏無頗，恰到好處。這也是合「禮」，孔子力圖把「禮」和人性「常道」結合起來（以仁釋論），中庸和禮緊密相關（這一點尚無人指出過）。他論詩樂和論人性，是一把兩面刻度可以互相折算（如同一面公尺一面市尺可以互相折算）的尺。

淫，本意是雨水過多漫溢爲害。引申爲任何事情過分了，都叫做淫。如言語浮華失實叫淫辭，做事濫用權力叫淫威，一味沈溺於安逸叫淫逸等等。再進一步，則用來指人的慾望尤其專指男女關係的慾望無節制、過度，如悅慕女色是人的正常感情，但貪色就成爲淫，男女交合雖爲人道大義，但一經縱慾濫交就是——淫。

孔子論詩歌與音樂，主張知節（中庸）守禮。知節就是音調不能過分華麗、柔曼、輕妙，這樣的音調對人的感覺和情感刺激太大，容易使人沈溺放蕩。我們今天也還在反對靡靡之音，就是受孔子的影響。守禮就是辭意不能挑動不正當的慾望。像明代民歌：「昨夜同郎一處眠，吃渠（你）掀開錦被捉我腳朝天。小阿奴做了深水裡螞蝗只著腰來擔，情哥郎好似過江船擱淺只著後艄掮。」若孔子再世，肯定會堅決反對的。孔子斥責「鄭聲淫」，「惡鄭聲之亂雅樂」，表彰《關雎》「樂而不淫」，是兼音調和辭意兩方面而言的。

《禮記·樂記》記載魏文侯（請注意：他是春秋時代的賢君）聚精會神地聽古代音樂，還唯恐打瞌睡；而聽鄭國和衛國的音樂，則從不知疲倦。《五經異義》記載：鄭國的風俗，男女常在溱河、洧川邊聚會，唱歌互相表達和締結愛情。

《白虎通·禮樂》記載：鄭國人民在山上居住，在河裡洗澡，男女混雜，唱戀歌互相挑逗取悅。我們從這些記載，可以了解「鄭聲」的音調與辭意究竟是什麼樣子的。它們表現男女間互相顛倒的感情，曲調妙曼，歌詞淫靡，二者配合，十分誘人。

樂而不淫，哀而不傷，作爲人生哲學的價值大於作爲藝術哲學的價值。藝術有「淨化」功能，它能觀照（即假定而非眞實地去實行）發洩情慾中的積鬱，從而達到心理的健康與平衡，孔子沒有認識到這一點。他要求人時時事事都要適中合禮，連在藝術中作一種過分的體驗也不行，既是做不到的，也是不必要的。

文質彬彬

孔子說：質實多於文采，就難免粗陋；文采多於質實，就難免虛浮；文采和質實配合得恰到好處，才可以稱作君子。所以一個人要廣泛地學習，提高自己的文化水準和語言修養，要用一定的道德行為規範來約束自己。

人生是一門藝術。

過於老實、木訥，在所有人面前均眞心相示，對所有的事都丁是丁、卯是卯，這樣的人缺乏生趣，也缺乏智慧；相反，過於浮華、機巧，一味地隨機應變，盡說漂亮話，好出風頭，毫無眞情地討好人，這樣的人則靠不住，甚至很危險。孔子主張「文質彬彬」，彬彬就是斑斑，兩方面摻雜配合，就像色彩斑斕的圖畫，既有生趣、精明，又有眞氣、厚道，這樣的人才可愛。

我們舉朋友相處爲例。朋友之間應該互相幫助，在任何時候都能講眞話，切磋學業，交流心得，指出對方的缺點和失誤；但是，朋友之間也要有互相調侃、打趣，也要留點心機，察顏觀色，以便尊重對方的情緒，提意見時要講究方式方法，「忠告而善導之，不可則止」。就是說，眞正的朋友相交，既需脾性、志趣相投，有眞感情，又需互相尊重，體諒，講究交往藝術，文與質，兩者缺一不可。

文過其質，必然虛僞、華而不實，要改變這些缺點，關鍵是要立一個「誠」字。說話誠實，待人誠懇，做事負責任，從誠這個字起步，逐步地培養習慣，這樣才能取信於人。

質過其文，就會孤陋寡聞、狹隘、粗野，這是就嚴重的一方面說，輕一點說，過於方，過於直，棱角外露，以直傷人，也是質過其文。要改變這些缺點，就要善於用人生經驗來修養自己，同時多學習文化知識，多接受藝術薰陶，培養才情。「文」這個東西，是與「學」、「才」、「情」一體相聯的。「才」出於「情」與「學」，勤學多識，激發情感，可以養才、增才。養才增才，就是培養和增進「文」。這裡需要特別說明的是，中國自古有一種農業文化的狹隘經驗主義觀點，以爲經驗閱歷比科學文化更重要，以爲實踐比書本更重要，這就是子路所說的：「治民事神皆可學，何必讀書然後爲學？」這裡我們尤其應記住孔子對子路的批評：這種歪曲事理的立論令人厭惡！

爲仁由己

孔子說：仁是很高遠的目標，但只要自己時時刻刻身體力行，也就達到仁了。

所以，達到仁的境界，全靠自己。這就像堆土成山，只差最後一筐土，你懶得去加，失敗便是自己造成的；相反，即使才剛倒下了一筐土，只要你能堅持不懈，最後那座山就是用你自己的力量建造的。

一個人赤裸裸來到世界上，所絕對擁有的，是他自己。這是做一切事的本錢。

向內追求，增加知識、提高修養、完善人格，得靠自己；向外追求，做點事業、有點成就、以至想過好日子，也還是要靠自己。所以，人生在世，最重要的品質，就是要有點主觀自覺性和能動性，自己一肩獨力承擔自己。

這一點，最爲儒家所重視。怎樣做到這一點呢？他們提出的辦法也很切實。孔子說：「能近取譬，可謂仁之方也」，就是說，能以眼前的事爲例一步步去做，就是最好的實現仁道的方法。比如推己及人：你自己想要的，人同此心，大家都想要，都應該得到；你自己不喜歡的，別人也不喜歡，所以你也不應該把它加在別人身上。孟子則說：仁、義、禮、智這些好品質，每個人都天然地稟有一點，像同情心、求知心、戀母心等就是明證，這些都是「善端」，有了這些「善端」，關鍵是要能好好利用，「求則得之，捨則失之」，求與捨，全在自己。孜孜以求，儘管只是從自己稟有的那點端倪出發，達到目標也是不難的。

所以要從腳下每一步、眼前每一事上下功夫。重視「日常」、「每一」，這可說是儒家思想眞正了不起的地方。張岱解釋「一日克己復禮，天下功仁矣」說：「『一日』最可貴，捨此『一日』永無下手之期矣。百事都始於『一日』，況爲仁乎？」有一次，冉求曾對孔子說：我不是不喜歡您的學說，只怕我力量不夠，無法做到。孔子回答他：如果眞是力量不夠，也得做到半路才停下來，你現在還沒有起步呢，怎麼知道無法做到！路是一步步走到的，而不是一步跨到的。哪有不能一步一步走的人呢，所以我沒見過「力量不夠」的！

自己獨力承擔自己，就要從自己的「眼前」、「日常」、「每一」處用力。做人是這樣，做事，又何嘗不更是如此呢？

學以去六弊

孔子說，有六種好品德，如果不是好學深思的人，就容易帶來六種弊端：心地仁厚，流弊是易受人愚弄；廣知博覽，流弊是四處涉獵而無所歸宿；輕易地守信，流弊是濫用心計或妄觸法網；太直率的流弊是容易傷害人；一味勇敢的流弊是闖禍鬧亂子；一味剛强的流弊是膽大妄為。只有不斷學習，才能發揚六種好品德而克服六種弊端。

「六言六弊」是一句成語。六言就是六個字，即：仁、知、信、直、剛、勇，是六種好品德或好名聲。

事物總是辯證的，一長必有一短，優點同時也就是缺點。尤其是如果沒有一定的學養，不明白六種好品德之所以成爲好品德的原因，就必然會帶來六個方面的問題。

心地仁厚的人，容易成爲濫好人，對任何人任何事，都是好好好，分不清是非，有恩而無威，自己這一方面，常被人愚弄，用以對別人，別「慈悲生禍害，方便出下流」。古人說：君子之失，在厚與愛，小人之失在薄與忍。所以，君子可欺以其方。所以可欺，就是因爲由仁厚而至於老實。

知識淵博，學問好，容易蕩無所守。

「蕩」有兩方面：才高的人，容易放蕩、任性，所謂「名士風流大不拘」；或者目中無人，不能自加檢束，這是一種蕩，是做人方面的。另外是學問方面的：泛覽博觀，窮高極遠，但沒有中心，沒有歸宿，博學而無所成名，這也是一種蕩。學問、智慧都並不僅僅只是知識，更重要的是善用知識。

信，可有兩種解釋，同時也是兩個方面。一則是自信，過分自信的人，覺得自己有辦法，喜歡用手段，成爲心眼方面的「賊」。其次是信人方面，不知大節，激於兄弟義氣，輕身犯法，成爲行爲方面的「賊」。這兩方面都是由「信」造成的。

人不應該玩弄花樣，應該坦直。但直到沒有一點涵養，對人對事沒有一點保留，一點城府，這樣的直性子，容易直言傷人，容易把事辦砸。

性子太直，沒有一點含蓄婉曲，這樣的人也缺乏風致。另外，勇者膽大，剛者不阿，動不動就暴發起來鬧一番，不能受一點委曲，不知道轉點彎迂迴求成，都不好。

去六弊的辦法是不斷學習。

人們透過學習，對外可明察事理，對內可反躬自省，這樣不斷擴大自己的眼界，不斷加強自己的修養，不斷認識自己、矯正自己，才能揚長去短。所以有人說，孔子講六言六弊的一段話，值得寫在筆記本上，或掛在辦公桌邊，做一面鏡子。

少成若天性　習慣如自然

孔子說：

小時候培養的品格就像是生來就有的天性，長期形成的習慣就像完全出於自然。人的性情本來很接近，但因為習染不同便相差很遠。所以對自己的習染不可不謹慎呀！

人的一生，有一個特別易受外界影響的時期，這就是青少年時代。此一時期，人的摹仿、接受能力最強。不僅學校裡傳授的科學文化知識，而且各種社會知識、人生經驗、人生習慣，主要的都是在這一階段獲得的。人應該珍惜、重視這一時期，培養好自己的人格，打好知識的基礎。俗話說：「時過而後學，則勤苦而難成。」又說：「少不育，難成材。」

《列女傳》上，記載孟母教子的故事，很能說明這一問題。

孟軻的母親，懂得人的道德學問是逐漸養成的，所以對孟軻平時生活和學習上的細節十分重視，通過「漸化」的方式培養孟軻的好習慣。起初，孟家離一處公墓不遠，小孟軻看了一些送喪葬人的情景，自己就摹仿起來，成天在沙地上埋棺築墓。孟母看出這地方對孩子影響不好，就搬了家。搬去的地方是一個集鎮，小孟軻又學著那些挑擔賣貨的人吆喝叫賣。孟母只好又搬家。這次搬到了一所學校附近，小孟軻摹仿學校的孩子們，在遊玩中弄俎豆祭器，學習揖讓進退的禮儀，孟母才終於放心地說：這是我孩子可以居住的地方！

孟軻上學以後，有點貪玩，進步不大。

有一次孟母問他：「學習得怎麼樣？」孟子回答說：「還是那個樣。」孟母聽後，拿了剪刀就剪斷織機上的線，說：「你荒廢了學業，就像我割斷織機上的線，布就織不成了一樣，不好好學習，以後就只有成爲供人使喚的下人。」孟軻從此拜孔子孫子的學生爲師，勤奮學習，終於成了著名的儒師。

現在的學校裡，也是這種情況。

小學老師們常說：「今天的孩子們智力條件都不差，要學習成績好，主要得看學習習慣如何。」培養好的學習習慣比一兩次考高分要重要得多了。比如說，培養孩子的細心、耐性、注意力、觀察力和沈靜思考的習慣，這是無比重要的。有些小孩子缺少這些習慣，粗心、慌張、過於愛動，注意力不集中，就不容易學得好。

這是從正面說。從反面說，問題就更嚴重。失足青年都是由小而大，漸漸走上斜路的。今天拿了人家幾塊煤，家長不批評，明天不知來源地有了兩塊錢，家長還要煎荷包蛋獎勵，這樣，孩子很有可能就失足了。所以我們應該牢記古訓：習慣不可不謹慎呀！

知過必改

孔子說：人犯了錯誤，要在內心自己控訴自己。不要重複兩次犯同樣的錯誤。

又說：犯了錯誤，就不要怕改正。改正錯誤，就沒有錯誤了，不改，才真正是大錯誤。君子知錯必改，小人犯了錯誤，總是想辦法掩飾。

人犯錯誤，就像日月之蝕，錯的時候，人人看得見，改的時候，人人仰望著。

世界上沒有不犯錯誤的人。因此比犯不犯錯誤更要緊的，是怎樣對待錯誤。孔子在這個問題上，反覆強調，講了很多話，可謂言之諄諄。歸納起來，孔子說了四層意思：不掩飾錯誤，不重複犯同樣的錯誤，犯了錯誤要痛加反省，知錯必改。

掩飾錯誤可以說是人的一種本能。小孩子就知道向家長或老師掩飾錯誤。一般掩飾錯誤可能還是出於善惡之心——怕別人知道了沒面子，怕受責罰。但進一步，就到了爲錯誤找理由或藉口，文過飾非。前一種情況的結果是諱疾忌醫，使病情加重；後一種情況則更加成爲喪失是非與羞恥，人格本質都發生變化了。所以，犯了錯誤能在內心深處自我反省、自我控訴、自我責罰是第一步。《春秋・公羊傳》載，成公八年齊晉鞌之戰，齊師大敗，齊侯悔過自責，「七年不飲酒，不食肉」，晉侯知道後，十分畏服，把戰爭中侵占的土地都還給了齊國。這是認識和反省錯誤的力量。

認識和反省錯誤，爲的是不第二次重犯相同的錯誤。孔子學生中，顏淵道德學問修養最好，孔子每次稱讚他：「自己錯了，沒有不知道的；知道了，沒有重複再犯的。」有一次，孔子還在魯哀公面前表揚他：「學問最好，不遷怒於人，不重犯同樣的過失。」

怎樣才能不重犯相同的錯誤呢？那就是知錯即改。文過飾非，強詞奪理，錯上加錯，一意孤行，最終必然自誤誤人。相反，善進步、有成就的人，都有善於改過的心。

正因爲如此，孔子以是否能知錯和改錯來區別君子、小人，認爲「君子之過也必以質，小人之過也必以文」，就是說，君子犯了錯誤，老老實實地承認它、改正它；而小人犯了錯誤，都想方設法地掩飾、辯解。

大節必須嚴格　小節容有出入

孔子說：人的德行，大處不可涉越界限，小處可以有一些出入。

朱熹說：這是强調人要先立大節，大節立住了，小的方面或者有些未盡合理，也沒有妨礙。

人在世上做人，不能無方圓。哪兒該方，哪兒該圓，不是個小問題。比方到達一個目的，有人盡走直角的大道，可以說全是方，但未免使人感到太費力費時；有人盡走小徑，盡走三角形的弦，圓得可以，不免採壞了莊稼，或自己爲泥濘所污，甚至陷到淤泥裡去了。比較好的走法是，直角有不得不走的時候，斜邊也有方便可走的時候。當然，這個問題要處理好，不很容易，這是生活的藝術。

人生在一些大的方面，不能沒有原則，這些方面是：與國家、民族和自己的人格相關的，屬於個人的事業心、責任心和職業道德方面的，與社會公德和社會公義相聯繫的，都不能任意變通。

人在日常生活中，尤其是私人生活方面，事事方方正正也是很無味的。漢朝的石奮父子拘謹守禮，出了五個二千石奉祿的「高級幹部」，皇帝戲稱他爲萬石君，榮極一時。老頭子平時在家裡與子孫相見，也必定朝服冠帶滿幅行頭；出去辦事經過皇宮王闕，必然從馬上下來恭恭敬敬地走過去。這樣人的生活有什麼意味呢？相反，京兆尹張敞生活很隨和，常在家裡幫妻子畫眉打扮，雖然有人把這事告密到皇帝那裡，影響了他的仕途升遷，但張敞的生活就比較有意思，所以在歷史上留下了一段佳話。

這就是孔子所謂「小德出入可也」的意義。孔子正是在一件交朋友動感情的事情上提出「小德出入可也」的。有一次，孔子在路上遇到齊國的程本子，兩人一見如故，掀開車簾談了一整天，最後孔子還要子路拿十匹布送給這位程先生。子路很不高興，說：「您不是講過，君子不在大路中間與人見禮，女子沒有媒聘不與人通婚嗎？」孔子說：「像程先生這樣的人是不容易碰到的，所以這些小的禮節不必固守。」

我們可以想像，遇到一個眞合得來的朋友，忘記一切地談上半天，那是多麼快活呀！相反，如果拘謹守禮，在揖讓進退的儀式中相見相別，人生還有什麼意思呢？

人貴有恆　積久生神

孔子說：

南方人有句很好的話，人假若沒有恆心，連巫醫都做不了。人三心二意，去就無常，朝戀夕改，必然難交好一個朋友，難精通一行業務。

世界上百行百業，各有優缺點。做上一行，拿這一行的缺點去比那一行的優點，難免見異思遷。事實上人不可能什麼都做，尤其不可能什麼都做好。

因為要做好一個事情，要長久地積累知識與經驗，鑽得深，做得熟，這樣才能掌握其中奧妙。就拿醫這一行來說，古人說，「醫不三世，不服其藥」，因爲醫術關乎人的生命安危，不是長久從事，就不容易做得很好。而世代相傳，容易達到精通境地，治起病來效果就可能較好。

這就由「人貴有恆」說到了「積久生神」。這兩方面是因果相連的。人做一件事，「有恆」、「積久」，才能「生神」。這道理其實就是俗話說的「熟能生巧」。在這方面，莊子講了很多故事，如「運斤成風」、「痀瘻承蜩」、「庖丁解牛」，等等。運斤成風最神：楚國郢都有個泥瓦匠，粉刷牆壁時濺了一滴白灰水在鼻子上，他於是喊來正在爲房子做門窗的木工，請他用斧頭把鼻子上的白灰砍下來。那木工連看都不看一下，舉起斧頭，「聽而斫之」，削掉了那點白灰，而絲毫沒有傷及鼻子。庖丁解剖牛有十九年經驗，一把刀在筋骨間婉轉運行，游刃有餘，刀口一下也不與硬骨相碰撞，所以，解牛數千頭，而刀口還像剛磨過的一樣鋒利。這正是長久的經驗熟練的技術，而熟練的技術又達到了神妙的境界。

在現代社會，分工越來越細，行業越來越多，我們要有點專長，有點自己獨擅的技術、本領，就不能這山望著那山高，而應該從自己所從事的工作起始，持之以恆地下功夫。人生有限，一輩子做不了多少事情，能用幾十年時間，做一兩件別人做不到的事，是很大的功德。相反，三心二意，朝戀夕改，勢必一事無成，一輩子如雲煙飄過，一點影兒都留不下。

讓我們以此與讀者共勉！

如何對待「小道」

《論語》說：就是小技藝，也一定有可取的地方；若它妨礙了深遠的認識和事業，才是不值得的。

孔子說：飽食終日，無所用心，日子不是很難過嗎？不是有下棋的遊戲嗎？下功夫把棋下好，也是好的。

孟子則說：下棋雖是小道，但不專心致志，也是無法下好的。

人生道路有萬萬條，可是每人只能走一條。

大路朝天，曲徑通幽，各有各的景象，各有各的極致，選定了一條，毅然走到底，就會有所成就。曹正興的切菜刀，王麻子的縫衣剪，內聯升的布底鞋，四季美的小湯包……說起來都只是一點小手藝，但普天之下，靠這些手藝吃飯的人何止千千萬，他們都能一枝獨秀，超越群倫，創出名牌字號，飲譽天下，傳之後人，爲同行增輝，使世人受益。

小手藝卻成了大成就，可以說條條道路通羅馬。而且，這些在小手藝上取得大成功的人，之所以成功，除了他們各自發明了其中精微的專業技巧之外，還在於他們也抓住了人生事業的某些根本道理，這就是，就其所長，乘其所便，好學深思，專心致志——用這種精神做任何事情，都不會沒有成功。所以，人生的道路不同，但人生的道理相通，弄好小手藝，也可以交通大道理。

當然，在人們面臨選擇的時候，各種道路確實是有寬窄平陡的。希臘哲人德謨克利特曾說：發現一個科學眞理，比征服一個帝國更重要。而中國傳統的思想家則可能認爲，要做大事業還是去弄政治，政治是統帥，是靈魂，是其他一切的生命線，所以政治家可以普降甘露。總之，各人的環境遭遇不同，各人的興趣、立場不同，各人的精神境界，人生志向不同，因而對人生的「大道」、「小道」

的理解就不一樣。在現代社會，這是不必強求一致的。比如，有些人認爲個人的富裕舒適是最重要的，所以看重當官經商；但也有人是無法用一己的富裕舒適來滿足心靈的，所以做官經商對他就不適合……只要不危害他人，就不妨聽其各人自以爲「大」。

不過，如果選定了既定目標，走哪一條道，意義可能是不一樣的，因爲事物的關係有主次。比如，在現代要造成社會的富強，就必須突出經濟，而要經濟富強，又必須突出科技和流通。再比如，要認識什麼是文學，主要的當然是抓住它與生活現實和生活理想的關係，而像音節字句、語義象徵在一定意義上可能就是「小道」。說它們是小道，並不是說它們沒有意義。老舍說：詩的好壞，很大程度上全在語言。能把詩歌的語言規律搞清楚，比起炒生活決定文學的理論現飯來，它爲人們打開了新世界，提供了新知識，意義更大。因而道雖有大小，卻不能一律以大道小道分高下、定優劣。

訥於言而敏於行

孔子說：君子常常想要嘴笨但處事精明，因為，你說了話做不做得到呢？而且，你一說話，別人就知道了你的水準修養的高低，知道了你真實的想法，所以，言語不可不謹慎啊！

曾子說：君子應該少說話而老老實實做事，行動在人之前，語言在人之後。

世界上最沒有用的就是只會說大話的人，而且這種人還是最令人討厭的。老百姓用一句形象的話來諷刺這種人：馬吃石灰——一張白嘴。一嘴石灰的馬看似過得不錯，但實際上慘得很，沒得什麼實惠——連自己的肚子都吃不飽。嘴上光彩有什麼意義呢？實際上，那些只會神吹，只會講大話的人比吃石灰的馬更慘、更討厭，因爲這樣的人不僅耽誤自己，而且也危害事業。

世界上最危險的人也是那些喜歡說話的人。俗話說：「言多必失」，人不可能每句話都講得很高明、很周到，十句話九句都講得好，最後一句講岔了，就可能結怨生事，輕則招人厭惡，得罪人，重則帶來罪名，丟飯碗丟性命。這裡，固然也有人講話講得不對的，但更多的是這些話揭露了眞相，戳了人家的痛處。封建社會裡，朝朝都設有「言官」、「諫官」，但那些敢提意見的，又有幾個討好的！早在二千多年前，韓非就做了一篇《說難》，專門論述出主意提意見無論如何不容易做好。韓非自己，就因爲把那些國君用來整人，對付人的陰險帝王術講出來，揭示了不傳之密，暴露了才幹，才被人毒死！這樣的教訓積累得多了，乾脆有人傳下做官六字眞言：「多磕頭，少說話。」就是在現代，出主意提意見又何嘗是件容易事，你從正面提建議，別人說你表現自己，怕你超過他；你從反面提意見，那更是直接結怨樹敵，自己損害自己。所以，聰明人總是少說話：少用嘴，多用心，愼言多思。

無論從哪一個層次上說，敏於行而愼於言，都是不可多得的人生格言，讓我們用這兩句話作爲此篇短文的結尾：

不會講話的搶話講，

會講話的想話講。

——想來想去，最後可能發現：無話可講！

仁者知說話之難

司馬牛言多、大話多，有一次，他向孔子請教怎樣算是「仁」。

孔子說：知道說話不容易的人才算是仁。

司馬牛說：知道說話不容易，就算是仁了嗎？

孔子說：仁者知道做起來不容易，因而不搶著說大話。舉旗幟、喊口號，而自己又做不到，這是可恥的；到仁者境界的人不說自己無法躬行的話。

上一篇《訥於言而敏於行》講慎言，是從處世哲學上講，這一篇也講慎言，卻是從人生境界上講。

處世哲學上的慎言，多少有些是城府深、處世圓滑的韜晦術，而人生境界上的愼言，才眞正是人對自身價值的有深度和高品質的修養。

這裡有兩個方面：一個方面是：「經歷太多，會不會沈默」。青年人，關於愛情，關於事業，關於人生，酸甜苦辣，剛聞到點氣味，就憋不住，難免「多言而躁」，這就是辛棄疾說的：「少年不識愁滋味，愛上層樓，愛上層樓，爲賦新詞強說愁」。但過了十幾、幾十年，什麼事都經歷過了，甚至像有的作家說的：糖水裡泡三次，鹽水裡泡三次，泥水裡泡三次，血水裡泡三次，成功與失敗，友愛與背叛，順利與煎熬，都不止一次地體驗過了，好不容易的十幾、幾十年，就「煉」出那麼點成熟來：知道有些話輕飄飄的，有些話空說無益，有些話拉大旗作虎皮自欺欺人實在可笑，因而知道了沈默的深厚蘊含，所以每在別有會心或五內俱熱的時候，覺得話實在難說，反不如輕輕點到，或微微以一點表情來傳達。

另一個方面，就是周作人散文中說的：自己做不到或不準備用來教育孩子的話，不說。

愛講漂亮話和大話的人，只有兩種情況：一出於眞，是不成熟熱情的產物，一出於假，就是自己不相信卻要別人相信，自己做不到卻要別人去做到。不管出於哪種情況，講大話、漂亮話，不是不負責任，就是不老實不厚道。愛講漂亮話和大話以外，有一種人就是愛「侃」，天上地下，懂得的與不懂得的，每一個話題都滔滔不絕地吹一通，並且底氣十足，面不改色心不跳。實際上，他說的每一個字，都落在地雷區，你仔細想一想，他吹自己就是在拆自己的台。這樣的人，有什麼境界可言呢？

孔子說：「仁者，其言也訒。」（訒，忍也，難也，說話反躬自省，用自己的經驗驗證是否實在，知其難，留有餘地，忍而不說過頭話）。又說：「木訥近仁。」這種混濛境界，是儒家自我修養的最高境界。

智者不失人　亦不失言

孔子說：

可以同他談卻不同他談，易失人，不可以同他談的同他談了，是失言。

聰明人能努力做到——既不失人，也不失言。

「世間無如做人難」，其中之一就難在這開口說話上。什麼話該說，什麼話不該說；什麼人可與說，什麼人不可與說；什麼時候應說，什麼時候不應說……對象、內容、時機……等等，無一不是需要大費斟酌一般的，而要斟酌得好、斟酌得妙，使無論量大量小的人，人人酒帶七、八分，那就更難了。

說話不謹，容易失言。

大人常叮囑小孩：嘴上要加栓，莫亂講話。雖說童言無忌，但話說得不好仍犯人忌。成人就更不用說了。一句話說不好就把人得罪了。

孔子講過「訥於言」、「愼於言」，但這種裝啞巴的方法畢竟偏於消極，是寧拙勿失。

要不失言，除了少說話外，更要想話說，甚至無話可說的時候想話說——比如你拜訪別人，十幾分鐘，只坐著不行，要能想話說；想話說當然主要是想想再說，即以剛才說的那種情況，坐在人家那兒無話找話，但畢竟這些話是要經你審愼考慮的，不能說不得體的話。只有這樣「想話說」的人，才眞正算是「不失言」。

嘴太笨，言辭太拘謹，甚至太一板一眼，都容易失人——這裡所謂失人，指損失人緣，而不是指得罪人。

在現代社會，人際關係很重要，說來未免使人驚訝：很多人際關係的局面，都是靠自己一張嘴巴打開的，所以不會在嘴巴上（當然不僅僅是在嘴巴上）表現自己，就可能失去很多關係，很多機會，這是一種失人。另外，中國人天生喜歡關心別人的事，有些在西方人看來純粹是自己私事、密不告人的，你卻需有選擇地告訴別人，因爲這是一種親近的表示，你不告訴別人，就是不對別人作親近的表示，也必然會失人。

說話還要看情勢、看機會，才能既不失人，也不失言。即使在家庭中，也是這樣，父子、夫妻之間，有話要談，但要有效果，既解決問題又加深感情，就要攢著話不說，選擇時機再說。在社會上就更是如此。

《戰國策》上記載了范雎見秦昭王的情形，一次，兩次，秦昭王向他請教，范雎都不說話，因爲他發現秦昭王與他談話時心不在焉，而他要講的又是一套使秦國富強稱霸的大道理，別人不重視，講出來無益。直到第三次，秦昭王單獨會見他，專心致志，虛心向他求教，他的一席話，就打動了秦昭王，封他當宰相。

像范雎這樣，才眞正是既不失人又不失言的智者。

不患莫己知　求為可知

孔子說：不要只怪別人不賞識自己，更要擔心自己能力不夠。

又說：不愁沒有人知道我，該愁我有什麼可為人知道的。

曾子說：與人同遊而不被人所愛，必是自己仁心不厚，與人相交不被人所敬，必是自己長者之風不足，自己有不足而怨別人不好，不是很沒道理嗎？

在《論語》裡，「君子病無能焉，不病人之不己知」這個意思，在不同的地方重複了三次。可見，在孔子看來，人第一位是要不斷充實自己，要有眞才實學，對自己有極高的要求，而不要把尋求知遇和賞識的心思放在前頭。人在世界上，能眞正立住，靠的主要還是自己那點根基，別人的賞譽固然有時也是重要的，但自己若沒有與之相稱的眞本領，終究是不行的。有句俗話說「人靠人抬」，但被抬起來後，你也還有點看相。而且，能否得其知遇，能否受人抬舉，這不是自己的力量所能做到的，在大程度上在乎「天命」；自己所能做到的，就只是充實和提高自己。既然如此，爲什麼不從自己能做到的入手而要求於求不到的天命呢？

希望被人肯定，希望得人賞識，這是人的常情。所以孔子也說，人一輩子名聲得不到別人的稱述，是很遺憾的。但是，和氏璧幾次獻上去得不到承認，一旦被琢磨出來，那連城價值卻是誰也掩蓋不了的。當代文學史上，有很多作家，像沈從文、錢鍾書，以至林語堂、梁實秋，都被埋沒了相當長的時間，但他們有作品在那兒，總有一天會有定評。也有的作家，像汪曾祺、張中行，早先並沒寫多少了不起的作品，但因爲他們打下了深厚的文化基礎，所以終於寫出了很受歡迎、很有水準的小說、散文作品。相反，有一些作家，創作的質量不多，但因爲某種機遇、某種外在條件，一時間名聲很響，但既然在美學上、在讀者心裡站不住，要文學史記住他們也是不可能的。

知識、學問、本領、水準，這都是自己的，是別人抹不掉搶不走的。人不能仰仗別人的稱頌、譽揚過日子，如果自己眞的不錯，無愧於心、充實自足地過日子，不是也很好嗎？

敬其事而後其食

孔子說：

對待一份工作、一個職務，應該先認眞負責地把事情做好，在此基礎上才能考慮自己的報酬。如果不把事情做好，卻斤斤計較自己的物質待遇，就會引起矛盾，造出亂子。

孔子「敬其事而後其食」，是講舊時代的事君之道。但在今天，把它作為一種職業道德，仍有重要意義，這就是，在政府部門擔任領導人也好，在事業單位當幹部也好，在企業裡做工也好，首先要有種「負責任」的精神；做事眞正負了責任，然後再考慮到自己的待遇、生活問題。這並不是一味地要求獻身的高調，而是一種很近情很有益的人生起碼的立足方式：人無論在何處，把事做好了，才能過問心無愧、安寧充實的日子。「事」與「食」都兼顧到，對事業、對他人、對自己都有好處。如果不是這樣，事沒做好，或根本沒盡心去做，就爭這爭那，找張三扯，找李四鬧，傷己傷人，沒有什麼好處。孔子把這後一種情況概括爲「處其位而不履其事，則亂也」。

與此相關，有兩種情況，一是占了一定的位置，拿了一定的報酬，卻未盡到應盡的職責。對此，孔子有兩句很有名的話：「陳力就列，不能者止」，就是說，你有力量把那事做好，就坐那個位子，否則，就下來。

還有一段故事。孔子的學生冉求、子路兩人在魯國的季孫氏那兒作臣子，有一天跑去向孔子報告：季氏要攻打附屬於魯國的顓臾。孔子劈頭就說：這應該責備你們兩個。冉求、子路強辯說：那是季氏想打，我們二人並不想打。孔子很生氣，說：冉求！你沒聽說過「陳力就列，不能者止」這句話嗎？你在季氏那裡做輔臣，不能勸止他做壞事，就沒有盡到自己的責任，那還要你做什麼？

另一種情況，就是自己克盡職守，工作做好了，但得不到承認和重視，報酬、待遇更是與自己付出的勞動不相當；相反，那些沒有能力而又不好好做的人所得的卻比自己多得多。應當承認，這種情況也是很普遍的。在孔子看來，這是無可奈何之事，對於無可奈何之事，孔子主張盡力、認命。這樣，自己作出了犧牲，但對社會也作出了貢獻。去爭、去鬧，也有道理，這就要看各人所處的具體情況，各人的性格與精神境界而定了。

不矜功自誇

孔子稱讚孟之反：他不誇耀自己。

在魯哀公十一年那場抵禦齊國進攻的戰鬥中，右翼軍潰退了，孟之反走在最後充當殿軍，掩護部隊後撤。進入城門的時候，他用鞭子抽打馬匹，說道：不是我敢於殿後，是馬跑不快。他這樣做是爲了掩蓋自己的功勞。

人不表現自己，不出風頭，尤其有了長處和功勞，不自以爲是、炫耀自己，是很難得的，也是很珍貴的，所以孔子予以肯定和提倡。

從消極方面說，人立身處世，不矜功自誇，可以很好地保護自己。

韓信是漢朝的第一大功臣；在漢中獻計出兵陳倉，平定三秦；率軍破魏，俘獲魏王豹；攻下代，活捉夏說；破趙，斬成安君，捉住趙王歇；收降燕；掃蕩齊；歷挫楚軍，連最後垓下消滅項羽，也主要靠他率軍前來合圍。司馬遷說：漢朝的天下，三分之二是韓信打下來的；項羽，是靠韓信消滅的。但是，功高震主，本來就犯了大忌，加上他又不能謙退自處，看到曾經是他部下的曹參、灌嬰、張蒼、傅寬等等都分土列侯，與自己平起平坐，心中難免矜功不平。樊噲是一員勇將，又是劉邦的姨夫，每次韓信訪問他，他都是「跪拜迎送」，但韓信一出門，就要說：我今天倒與這樣的人爲伍！終於一步步走上了絕路。後人評價說，如果韓信不矜功自傲，不與劉邦討價還價，而是自隱其功，謙讓退避，劉邦再毒，大概也不會對他下手吧！

當然，對韓信的遭遇，這種看法是否恰當、公允，或者，是否還有別的公正的評價，這裡姑且不論。但韓信的態度、遭遇的確是一個教訓，尤其值得有才有功者在這個問題上深思猛醒！

從積極方面說，不矜功自誇，是人的一種修養和美德。

孟之反置生命安危於不顧，自動爲潰敗的大軍殿後，其膽量和勇氣，其忠心和功勞，都是很突出的。但如果他因此自我誇耀說：這次撤退成功多虧我呀，你看別人怕死逃命的那樣子！這樣不是很淺薄嗎？相反，他自己藉馬說話，巧妙地掩蓋了自己的功勞，使我們覺得他的修養是那樣深厚，人格是那樣美好，他的膽量和勇氣，忠心和功勞，反而更可敬可愛了。

老子說：「滿招損，謙受益」。康有爲說：勞累而不誇耀，有功而不自得，把自己和別人看作一樣，就可以進入最高的大同道德境界了！這些大概就是不矜功自誇的意義所在吧！

驕誇鄙吝敗壞人的美質

孔子說：

即使人的材質之美可以與周公旦相比，但只要他驕誇鄙吝，餘下的那些才能，也就不值得重視了。

「驕」、「吝」是常見的兩個字。

吝，是小氣，捨不得，守財如命。

驕，是自滿，沒眼光，目中無人。

宋儒解釋這兩個字，說：「驕」為「氣盈」，吝為「氣歉」，二者「雖有盈歉之殊」，但常常互為因果，通而為一，所以我們發現天下之人，沒有驕而不吝、吝卻不驕的。張岱說得便簡直：「驕吝是一套生事」，都是「氣局小」造成的。

器局小的人沒有廣大的眼光，容易自滿；同樣，器局小的人把一點所得看得多麼重要，做出種種小氣的醜態。

這兩個字，都是從「德」上說的。

一個人的才與德，常常分家。有才的人，容易恃才傲物，看不起人，不能容人，更不能團結人。不知天下之大，那點才實在算不得什麼，要做頂天立地的事，一己之才，難比滄海一粟。所以，要在事業中表現出自己的才具，就需要寬謙大方，集衆人之力。周公當時，為了招引人才，把自己的糧食匀出來款待他們（所謂「一飯而三吐哺」），拜了十位老師，交了十二位朋友，其它選拔任用的人，不下千百。他的才華事業，是靠不驕不吝成就的。才如周公者尚且如此，何況一般人呢？

也有人是心智的守財奴，謹守那點學術，捨不得與人交流。沒有交流，學術的作用發揮必然有限；沒有交流，學術的發展，自然也就失去了依據。久而久之，「一專之長」的優勢，也就很可憐了。自己仍然可以認爲懷有獨技絕學，沾沾自喜，但那樣神神秘秘，同巫婆般裝神弄鬼沒有什麼兩樣。由吝而鄙，也就墮入惡俗了。

天下有不少美女，她們身體容貌的美，是很動人的，但是其中有些人，沾染上了膚淺、矯張、嫉刻、貪私等惡習，把那種本來很難得的美，都破壞掉了，十分可惜。天稟多才、姿質美善的人，同樣有這種情況。這兩種人可以從對方身上，互相找到鑒戒！

不可好勇疾貧　不可疾惡己甚

孔子說：

以勇敢自喜卻厭惡貧窮，會自己出亂子；對不仁之人痛恨太過，會逼得別人出亂子。

當代有兩句有名的詩：「卑鄙是卑鄙者的通行證，高尚是高尚者的墓誌銘。」人具備和保有一種好品行，是需要付出高昂代價的。高尚這種好品行，它的代價就是自我犧牲、死而後已，最後寫在墓碑上才有這兩個字。如果不是這樣，施恩圖報，做好事爲出名，認眞工作爲了表現自己向上爬，這些都是平等交換，誰也沒有吃虧，所以談不上高尚。

勇敢是一種好品質，它需要以「見義勇爲」作代價。爲不義之事拍案而起，拔劍而鬥，只能算是「狠」而不能算是「勇」。勇需要有血性和剛猛的精神，但血性和剛猛的精神既可以表現爲勇，又可以表現爲狠，決定二者之間區別的，就是一個「義」字。許多人激於一時利害輸贏，天不怕地不怕，輕身犯法，就是錯誤地把「狠」當成了「勇」。

勇敢的人因爲自己能鬥狠，最不能受委屈，最不能忍受貧窮，所以也常常出亂子，造成破壞。歷史上攔路剪徑，打家劫舍的強人，很多都是好勇疾貧所致。現實生活中，仍然還有一事不平，就傷人性命、毀人容貌的。所以，尙氣有勇之人，缺乏甘貧忍辱的精神，也不行。正因爲如此，功夫高強的武師，以能忍則忍，不露眞相爲第一鑒戒。

現在再說不可疾惡已甚。對於美醜善惡有明確的是非觀念，自己持身處世，有嚴格的界限，甚至瓜田不納履，李下不正冠；對待他人，交忠良而遠不善，疾惡如仇，這些也都是好品行。但是，一個人自己越是純潔，高尙，對現實就越要容忍。現實總是那樣子，你自己越是一塵不染，與現實的距離就越大，越顯出現實的醜惡污穢。你不容忍不行，這是你自己操行的代價。不能容忍，若你是一弱者，是在沒有標準的事上以自己的行爲顯出標準，你拿這標準去衡量別人，量出別人的長短來，必然不祥，禍患上身只是遲早的事。同樣，不能忍受，若你是一個強者，你就會使那些作惡多端的人無地可容。無地可容，逼急了，他必然跳牆，也必然給國家社會帶來禍患。

美好的東西是代價高昂的，也是脆弱危險的，需要持身有道，才能獲得完美的結果。一稍有不慎，優點就成為缺點，長處就成為短處，甚至因此而招災惹禍。

人生三戒

孔子說：

人生有三件事情應當警戒：年少之時，血氣未定，容易衝動，難免貪戀女色，縱慾無度；到了壯年，血氣方剛，容易鬥狠，喜歡爭強鬥勝；等到老年，血氣衰弱，很難再有作為，容易守舊，維護既得利益。

孔子有許多話，確實深得人情物理，是千古金言。這裡的人生三戒，就是其中之一。

在青年時代，最有吸引力的是「異性」，最令人神魂顚倒的是「戀愛」，最嚮往或最難節制的是「性生活」，所以「少年色力健，魔力奈它何」，佛教最傷腦筋的就是比魔力更大的色力。應該承認，少年勁健的色力，確實給人生帶來了無比珍貴無比美好的東西。但是，異性相交再珍貴再美好，畢竟只是人生的一面，尤其在青少年時代，正是學知識、闖事業、爲人生奠定奠礎的時期，早戀、沈溺於愛情、在異性面前失去理智、婚後縱慾無度、甚至大學時代迷於戀愛，都是有害的，更不用說那些因好色而走向墮落的事了。所以，人在青少年時代，好色但應知戒。

壯年時代，人生落在實際的泥地上，各種利害出來了，爲了生活、爲了前途、地位，都難免與人爭長較短。

少年時代與人衝突，多是一時義氣，而壯年時代與人競鬥，則出自強有力的實際利害，所以比較容易無情，因而更容易喪失良知。特別是那種善於爲自己打算的人，那種在做人上過分精明的人，與人爭鬥，其樂無窮，所有精力都耗費在算計各種人事關係上，爲無數雞蟲得失而耽誤了更有意義的事，何嘗不應以爲戒呢？

人到老年，一切皆已就緒，能得到的得到了，得不到的永遠得不到了，這兩種得——已得和未得——都容易出亂子。一方面，拼命維護自己那點已得，動輒搬出過去、搬出傳統，實際是搬出「我」字來，所以儘管拉扯虎皮，實卻只是爲自己的利益，守舊、擋道，不知道自己既已演出過了，應該把舞台讓給後人，自己退出來當觀衆，享受看戲的快樂。另方面，正因爲許多事情都將不屬於自己了，所以最後還要猛撈一把，恨不得爲子子孫孫各弄只金飯碗，其貪得無厭，往往比老醜更難看。

好色、好勝、貪心……等，說起來也只是人情之常罷了，因而孔子所謂「戒」，只是警戒之意，而不是戒絕，而難得的就是在於能得其中庸，不忤人情物理。

益者三樂　損者三樂

孔子說：

三種快樂有益，三種快樂有害。

各種慶賀禮儀無過與不及，真心稱讚別人的優點，有一些人品學問都好的朋友，這三種快樂有益；驕奢得意，遊樂忘返，沈溺於食色安泰，這三種快樂有害。

人，少有不追求快樂的。

人活著的美好之一就是追求快樂。但人對快樂的事又必須有所選擇、有所節制，有時甚至不得不有所禁絕。因為人是有理性的動物，不僅追求感官的快樂，更追求理性的快樂；感官的快樂只顧一時的滿足，理性的快樂則需要考慮長期的利益；感官的快樂沒有對錯，理性的快樂卻可分出善惡。所以，人基於長期或道義的考慮，就有了不同的快樂觀。

蘇軾晚年，曾獨居絕慾，戒行男女之樂。他說：「絕慾眞天下至難事，就像要一個人素食斷肉一樣，一天兩天尙可，難就難在要長期堅持。」但是，年齡一年年增加，身體跟著一年年衰弱，不能像少壯時那樣血氣旺盛，所以守氣自養，有利於健康長壽，享受更多地生命快樂。他的淸淨獨居，有所禁絕即有所選擇，目的是捨短時之樂而求健康常樂。

有一種觀點認爲：人類的各種節日、慶典，是爲了解除平日生活的諸多禁忌，放鬆一下，讓人領略一番恣情縱意的生命之美。從經驗上說，這是不無道理的。即使在這樣的時候，也不能沒有節制，一味鋪排。不顧一切地消費，無節制地吃喝玩樂，以後日子還要不要過呢？所以，放鬆當中要有計劃，這樣才是有理智的兼顧的快樂。

孔子認爲，人還有兩種最有益的快樂：一是「樂道人之善」，眞心稱讚別人的優點，存心厚道，隱惡揚善，會得到別人回報，建立和諧的人際關係，同時又能取人之長，培養自己；二是有一些眞正的朋友，或聚會，或通信，交流感情，互相幫助，彼此提攜。有朋友的人最幸福。人生的美好尤其需要有幾個終身相交的摯友。

相反，如果缺乏理性的考慮，或春風得意驕傲自大，或條件優越不思進取，或沈溺於某種消遣不顧一切，或好色縱慾玩弄感情……賭酒後必傷身，飽食後消化不良，麻將上癮耽誤家庭和樂子女教育，這種種快樂都要由痛苦來償還，所以孔子認爲它們無論對於身體或心理，都是有損害的，應該加以克制。

吾日三省吾身

曾子說：

我每天都要多次地反省自己：替別人辦事是否盡心盡力了？與朋友交往是否誠實？老師傳授給我的學業是否反複溫習實行了？

曾參是孔子晚年招收的弟子。他比孔子小四十六歲，是個大孝子，孔子看中這一點，認爲他能通達孝道，就把他招爲學生，教了他不少知識。這個人的特點是莊敬謹愼。他做學問，「以修身守約爲宗旨」，主要發揮儒家心性修養方面的思想。

修身養性，包括修和養兩個方面。

修是學習，是精進；養是保持，是完善，是最後受用。這有各種各樣的方法，如用書藉來充實自己，用音樂來陶養自己，樹立崇高理想以激勵自己，投入某項事業以造就自己……等等。曾子的一個重要方法，是不斷反省，嚴格要求自己。的確，人容易犯錯誤，時時反省自己，可以保持清醒頭腦，避免錯誤；犯了錯誤之後，反省自己，可以檢討靈魂，自責悔過，改正錯誤。

有一個用反省法來修養自己的好例子：宋代瑞嚴和尚每天都要問自己：你頭腦清醒嗎?然後自己回答說：清醒，這樣才算安心。這樣自我警醒、細細問心，受到朱熹和張岱的肯定。

不過，對曾子這樣謹事省修，後人卻有不同評價。

表揚的人說：孔子那麼多學生，傳述孔子的學說都有出入，並且後來越傳越失去了本來面貌；只有曾子全力專注進行內心修養，所以他所傳的孔子學說一點問題也沒有。批評的人說：曾子一輩子就知道謹守自己的心性，而根本不理解孔子實行仁愛大同之治的大道。康有爲進而認爲：孔子學說的師傳有兩派，一派是有子（有若），以實行仁德於天下爲己任，眞正貫徹了孔子的「大道」，是孔派中的「大乘」，是「廣大的慧能」；一派是曾子，以成一己之仁（謹言愼行、修身養性，達到自我完善）爲主旨，只貫徹了孔子學說的一個次要方面，是孔子學派中的「小乘」，是「謹嚴的神秀」。可惜有子死得早，學說傳佈不及曾子廣遠，使後世都聽信曾子說，使孔子仁道學說未能光耀天下，是最不幸的事！

康有爲的「二宗」說是否能成立暫且不論。不過他所批評的曾子學說的缺點，他所指出的一味「終日省身寡過」不能有大作爲，卻是很有道理的，應該爲我們所記取。

三思而後行的得失

季文子遇事總要再三考慮然後行動。

孔子聽到後，說：考慮兩次也就可以了。

「三思而行」，是魯國大夫季文子爲人處事的特點，後來成了漢語中的一句成語。作爲成語，它主要是個褒義詞，用來形容一個人考慮問題和處理事情穩健周到，因而少遺漏和偏差。但作爲季文子爲人處事的特點，卻有人認爲是褒義的，有人認爲是貶義的。

漢代的鄭玄，三國東吳的諸葛恪、淸代的劉寶楠都認爲是褒義。據《三國志》注引《志林》記載：諸葛恪輔理國政，大司馬呂岱告誡他：現在國家多災多難，每件事必須想十遍然後施行。諸葛恪回答：過去季文子考慮三遍然後施行，孔子說考慮兩遍也就可以了，您現在要我考慮十遍，可見我的愚笨，我怎能不謹愼呢？諸葛恪對季文子三思而後行是肯定的。劉寶楠更是徑直地說：「三思乃美行。」

也有不少人與此意見相反。宋代程頤、朱熹，明代張岱，近代康有爲及現代楊伯峻、錢穆等，都認爲對季文子的三思而後行不應肯定，認爲從語氣上看，孔子對它也是否定的。程頤說：爲人處事，想兩次也就比較清楚詳細了，還要繼續想，必然是又加進了自己的私心打算，所以孔子對季文子「三思」是不以爲然的。朱熹說：魯宣公篡位，季文子不但不起來討伐，反而爲他出使賄賂齊國求得承認，這就是多思謀私的表現。爲人處事，貴在明事理而能果斷，不能僅僅崇尚多思（「君子務窮理而貴果斷，不徒多思之爲尚」）。楊伯峻引《論語稽》說：季文子生平對禍福利害計較得太清楚，世故太深，行爲太謹愼，他的三思而後行，流於爲一己之私作精打細算。

可見，三思而行，作爲一種人生哲理，是不能片面強調的。遇事不周詳考慮，輕舉妄動，不行；斤斤於細節，或謀劃自己的利害，「多慾轉多私」，也不行。人貴於多思，亦貴於剛決，此不可不知。

謹修盡孝的得失

孔子說：天地之間，只有人的生命是最可貴的。父母把一個完完全全的身體給了我們，我們應該一輩子好好地保全它，不使它受刑戮、受毀傷，讓父母蒙羞或傷心，這也是為人盡孝的一種方式。

這段話出自《禮記·祭義》，是由曾子轉述的。一般認為，曾子之學突出表現在：強調內在修養，強調外在行為的謹慎（王充《論衡》四諱：「曾子重『慎』。」）；曾子又是大孝子，所以，他主要承傳了孔子修身盡孝這方面的思想，未免氣象不夠宏大。

這是從人生與學問的總體格局上作較高的要求。其實就事論事，曾子重慎、重孝、強調內心修養，自有其既盡人情又合事理的價值。一個人在日常生活中，與家人、同事、上下級相處，態度端莊，言辭謙和，行為謹慎，不以狂躁牾世傷人，不以驕縱觸規犯法，不到處捅漏子、鬧矛盾，少犯錯誤，避免被人指責怨恨……應該是一種很好、很難得的品行。捫心自問，在日常生活中，誰不願意和這樣的人相處呢？誰又不願自己也具有這樣的品質呢？願意與此相反的人相處、願意自己有與此相反的品行的人，恐怕舉世無多吧！我們還可以「全身盡孝」爲例，說得更具體些。十指連心，孩子都是父母的心頭肉，一個人因爲自己日常行爲不檢點，在生活上四處碰壁，在社會上站不住腳，甚至犯法受刑，使父母操心掛懷，無有寧日，使父母顏面無光，難以見人，難道不是很不應該嗎？盡人情、合事理，應該是一切偉大或平凡的人生與學問的根基，曾子對這一點，是有心得的，所以康有爲說他「修身寡過」的學說，「自是孔教之一義」。

不過要指出的是，「日常生活」畢竟不是人生的全部，所以曾子還說過「士不可以不弘毅」，「任重而道遠，死而後已」，「臨大節而不可奪」「戰陣無勇、事君不忠，爲非孝」一類的話。人在面臨抉擇或有所建樹甚至又利生死所關的場合，一味謙和謹慎，一味守身保譽，一味歸向內心，都是不可取的。就是常人，一輩子除了「日常生活」之外，也還有許多「非常」的追求與責任，如果一輩子謹守「常道」，其人也是不可取的。曾子自己，也沒能免除這種不足取。《論語》上記載，在他生命的最後時刻，他把弟子召到床前，對他們說：你們揭開被子，看看我的腳！看看我的手！保全生命多不容易啊！我這一輩子就像從深淵邊、從薄冰上走過來的一樣，無時無刻不是戰戰兢兢！現在好了，總算是免除了受傷害，受刑戮，可以全軀而終了！小子們！你們要記住我這番話！一輩子所看重的，不過是全軀保命；到臨終遺言，也不過是戰戰兢兢全軀保命，無論如何實在都有些不足取、有些可憐。而且，曾子一輩子，活了九十歲，主要在故鄉講學，並未有什麼冒危險、臨患難之事，還要這樣戰兢懼惕，難怪康有爲要說他雖刻苦好學，但也不過「僅聞孔子萬法之一端」、「終日省身寡過而已」。

尤其到了宋儒，把他的重內修外謹之學推向極端，以偏代全，以心性之學取代孔學，致使孔子之大道闇沒不彰，責任雖不在曾子，但源出曾子，卻也是無可諱言的。

仁與智的三重境界

一次，孔子和學生討論「仁」與「智」兩個大問題。

孔子問道：怎樣才是仁，怎樣才是智呢？

子路的意見是：智者使人知己，仁者使人愛己；

子貢的意見是：智者知人，仁者愛人；

顏淵的意見是：智者自知，仁者自愛。

孔子對三人的意見分別予以肯定，並指出子路所說的是「士」的境界，子貢所說的是「士君子」的境界，顏淵所說的是「明君子」的境界。

「仁」與「智」，是人的兩種最美好的品行。它們是以人的稟賦爲基礎，經過長期修養所得到的。這兩點都非常重要。一個人的仁與智，都與其天性稟賦相關。有的人內向，自己內心生活很豐富；有的人外向，善於與人相處；有的人特別積極，善於主動關懷人，這些都是一個人爲仁的基礎，以此爲基礎，加以修養，就發展出自愛、愛人、使人愛己等三種不同的仁者境界。智也是有天生基礎的，有的人屬於反省型人格，所以長於自知；有的人細緻而敏感，所以長於觀察人；有的人處理人際關係特別精明，所以長於恰到好處地向別人表現自己。根據這些基礎加以修養發展，就有了自知、知人、使人知己三種智者境界。所以，達到仁與智，都有個性之所近、力之所能的問題，因而可以修養，而不可以強求。

荀子記述上述孔子對子路、子貢、顏淵論仁與智三種意見的評價，是分有高下的。其實，不同的個性有不同的長處和適應面，不同的修養有不同的造詣和建樹。因而，三種境界，各有所長，也各有所短。如果從社會關係這個角度講，最高境界是知人愛人，其次是使人知己愛己，再其次是自知自愛；而如果從人性的內在涵養上講，最高境界是自知自愛（人與人相處終究是有時間的，但卻無時無刻不與自己相處，所以自愛爲第一義），其次是使人知使人愛（因爲需有內在質量才能使人有所可知有所可愛），再其次是知人愛人。當然，如果撇開這些實際區分，從抽象人性人道的角度說（假如可以的話），智的最高境界是自知，仁的最高境界是愛人——西哲所謂「認識你自己」與「平等博愛」兩大骨幹思想即是同樣用心。

君子成人之美

孔子說：

君子成全別人的好事，不助成別人的壞事。小人恰恰與此相反，他們不願成全人，卻會忌妒人。

朱熹注《論語》時有很深刻的見解，即如注「君子成人之美，不成人之惡」一章，說：人的品性，有厚、薄之不同，這是區分君子與小人的標準。從人的內在性情上解釋成全人與嫉妒人、說別人的好話與說別人的壞話，可以說是注釋得很深入的一個例子。

一個人品性的厚與薄，是從他平常對人的態度中看出的。俗話說，不看人待己，只看人待人。所以，對一個人品性是厚是薄的認識，並不一定要自己親自領教，在一起待久了，細察默識，只看他對別人的態度，就可大致了解。有些人，人前對人滿臉笑，但是好幾年，很難聽到他稱道別人的優點、說別人的好話，更難見到他扶助人，提攜人，甚至有時只是舉手之勞的事，要求他幫助一下，都極困難，因爲他就怕成全別人。這種人恨不能對所有人都不以爲然，都不放在眼裡，天下只有自己和自己的事最重要，最了不起，這樣的人，就是爲人刻薄，不管他有多大成就，爬上多高的地位，在孔子看來，也是小人。

相反，有些人，善於發現也樂於稱道別人的優點、長處，對年少對後進，樂於提攜舉拔，看到別人的成就，眞心爲之高興，看到別人的過失，也誠懇地爲之惋惜、難過。這種人，能推己及人，眞正有點「大同」精神，所以能分享別人的喜怒哀樂，能促成別人向善、上進，往好的方面走。這是爲人忠厚。不管他是發達還是落魄，在孔子看來都是君子。

人與人有別，各自爲一個個體；但人與人又不能不彼此相聯相通，結成一個整體。不願道人之善、成人之美，卻生就一雙鱔魚眼睛、一副雞腸小肚，挑剔人，說道人，嫉妒人，壓制人，這種人就像一個錐子，對群體的危害是很大的。而那些不悅人之過，不矜己之能，能幫助人、成全人的人，就像一塊平整方正的大石頭，砌在哪裡，都能使整個建築穩固平實。明白了這一點，也就明白了孔子為什麼以成人之美與否來區分君子和小人了。

嚴於律己　寬於責人

孔子說：反躬自責很嚴格，而對別人的要求很寬鬆，就不會帶來怨恨。

孟子則說：要求別人很多，而自己做得很少，就像自己田裡的草不鋤跑去挑剔別人田裡的草，這種人是很討人厭的！

儒家講「仁德」，仁德是什麼呢？簡單說，一是對人有愛心，二是對人寬厚，二者乃一體兩面，能眞心愛人自然對人寬厚，就像我們愛戀一個人，自然對他的優點看得多，缺點看得少，不會抓住一點不放，也不會橫挑鼻子豎挑眼。你這樣對他，他很容易就把一顆心交給你。但同時，儒家又講「道義」，道義是很嚴格的原則，丁是丁，卯是卯，一點都不能放寬，所以自己修道行義，絲毫不能馬虎。兩方面合起來，造成一種很美好的人格：忠厚長者。在現實生活中，我們遇著這樣自持很謹嚴，但待人寬厚隨和的人，很容易感受到那種「長者之風」的魅力。

現代文化史和文學史上的著名人物胡適，有一個別號：胡大哥。稱大哥者，就因為他對人有長者之風。有一段時間，他在米糧庫的住宅，星期天總有客人。有人寫文章說：「無論誰，學生、青年、同鄉商客、強盜乞丐都進得去，也都可以滿意歸來。窮窘者，他肯解囊相助；狂狷者，他肯當面教訓；求差者，他肯修書介紹；問學者，他肯指導門徑；無聊不自量者，他也能隨口談幾句俗話。到了夜闌人靜時，才執筆做他的考證或寫他的日記。」當時有很多學者，在女子面前都是道貌岸然的，但胡適之不同，很有人情，到別人家裡去，必定與其夫人打招呼，上課見女生衣服單薄，必親自下講台來關教室的門窗。對待他人，可以說胡適之是十分隨和寬容的。但他對待自己，在私德上、立身上又是比較嚴謹的。當時很多學者，留洋以後都把父母包辦的鄉下太太丟了，但胡適對江冬秀卻始終如一；抗戰前夕，周作人留平未走，他遠在英倫，寫信敦勸，要周「識得重與輕」，在政治上，胡適的道路史家自有公論，但在持身自處上，比當時的一些文化名人卻要嚴格。

現在有一句話，叫做「從自己做起」。從自己做起，就是對自己要求嚴格，事事走在前面，以行動作表率。這樣自然就有力量。相反，自己做不到的，卻要求人家做到，自己費好多努力才終於做到的，也要求人家做到，這首先就使人家不佩服，哪能有力量呢？

讓我們像孔子所說的，「躬自厚而薄責於人」，眞正從自己做起！

己所不欲　勿施於人

孔子說：有一個字是人可以終身奉行的，那就是「恕」。恕就是推己及人，你自己所不願的，不要加給別人。

「己所不欲，勿施於人」，是一種人生哲學，看似很簡單，其實卻有深意，看似消極，但從此做起，當下便是，卻是養成良好人格最重要、最可行的上進階梯。

孔子哲學的中心是「仁」。

仁就是樹立愛心，就是講道理，總而言之，就是：文明。一個人眞正成為文明人，不是一件容易的事。這是很高很難做到的要求（所以我們目前的社會總是在反覆提倡「精神文明」）。但他卻有個最切實的下手處，就是「恕」。有人解釋恕，用「拆字法」，說就是「如心」——像我自己的心願一樣，我心裡喜歡的、嚮往的，別人也一樣；我心裡不想要的，別人也不願意有。所有要像考慮自己一樣來考慮別人。人能像考慮自己、為自己著想那樣來考慮別人、為別人著想，就可以進入「文明」層次了，就眞正具有精神文明。這一點推廣開來，對於整個社會，意義是很了不得的，那樣就實現了仁者之邦，實現了理想國。所以有人說，做到己所不欲，勿施於人，與佛家「布施」殊無二致。「施」前加一個「布」字，就是普遍施予，遍及天下。

經歷過貧賤、困難、挫折、痛苦的人，對這些有體會，所以為別人著想還容易一點。一帆風順、條件優越的人、有名望有地位、才高力大的人，辦起事來碰釘子時少，走起路來抬轎子的多，自己達到目的很容易，為別人著想就不那麼容易了。甚至，只要有一點點權力的人，在運用這點權力時，爲別人著想都不太容易做到。坐辦公室的人，想不到前來辦事的人的困難；站櫃台的人，不願體會購物者的心情；做醫生的，不善體貼病人……當然，相反的情況也在在都有，不過前者更普遍些罷了。

所以，孔子把一個「恕」和一句「己所不欲，勿施於人」單單只送給了子貢；是因爲子貢的才華很高，在所有孔門弟子中，他在事功上表現很出色，經營工商相當成功，而在政治、外交方面也很出色。像這樣，是很容易犯不饒恕人、不善體諒人的毛病，孔子送他的話，既是因才施教，又具有前面所說的更普遍的意義。

哀矜勿喜

《論語》說：你察得別人罪過的實情，便應該哀之憐之，而不應該慶幸自己獲得了眞象。

這也就是《尚書》上說的：法官落實了罪證，應該起哀憐之心。

人都有同情心。同情弱者，同情遭遇不幸的人，這都是人之常情，沒有什麼了不起。有一種博大深厚因而不易做到的同情心，就是同情人的過失以至罪衍，才是眞正了不起的。《韓非子·外儲說》上記載了一件事：孔子的學生子皋在衛國做法官，有一個門衛犯了罪，子皋依法砍了他一隻腳。後來衛君聽信讒言要殺孔子師徒，這名門衛把子皋藏起來，幫助他躲過了災難。子皋說：我親自砍了你的腳，現在正是你報仇之時，你爲什麼還要救我呢？門衛回答他：我被砍腳是罪有應得，但你在審案時聽我委曲陳述，仔細對照刑律，希望我犯的罪不是那樣重；到罪證落實，判決已定，您的心情沈重，形之於色，這些我都看在眼裡。這說明您心性仁厚，不忍見人犯法受刑。我救您不是因您對我好，而是因爲您有仁厚的德性。子皋的同情心是了不起的，所以才有了不起的感化力量。

其實，人非聖賢，誰能沒有缺點過失呢？有人小氣貪財，有人情多好色，有人懶惰，有人馬虎，有人浮躁，有人懦弱……平時生活得好好的，可是在一定的時候，一定的條件下，可能就走錯一步，做下錯事。有的人知道了別人的過失，取作談笑，幸災樂禍；而有些人則不同，他們心裡仿佛被揪了一把，說，噢，這人做了這件錯事，可憐可惜。似責備，似同情，似理解，又似自傷自警。兩種態度，兩種人格，相形之下，高低立刻就顯出來了。

對別人的過失毫無哀憫甚至幸災樂禍的人，往輕裡說是不厚道，往重裡說是刻薄，甚至是全無人性。

不疑人　也不受人欺

孔子說：

不預先猜測別人要蒙蔽自己，也不要沒有根據而懷疑別人不老實；但碰到不老實的人或者欺偽不實的事，要能及早察覺，這樣才算得上是賢明之人。

中國人的思維是長於整體綜合的，它並不把事物條分縷析、寸寸支剖，而是從它應有的圓滿意義上去把握。這一點在語言上即表現得特別明顯，「賢哲」或者「賢明」一詞就是一個很好的例子。在這樣的字詞中，「賢」是一種仁厚的道德，「哲」或「明」是一種精敏的智慧。孔子認爲，一個人在世上做人，就是要把這兩方面結合好。如果哪一方面有了偏失，都會帶來危害。精敏有餘，仁厚不足，就會充當奸人，滿腹賊心，不相信世上有一個眞朋友，時時處處懷疑別人算計自己，時時刻刻自己心裡也在算計別人，爲人刻薄寡恩。這種人就是曹雪芹給王熙鳳的判詞中所說的「機關算盡太聰明」，聰明過頭，反爲聰明所誤。仁厚有餘，精敏不足，把天下人都看作君子，對所有人皆以眞心相示，心裡沒有一點城府，爲人缺乏必要的深沈，則又容易爲奸人所乘，過分仁厚倒被仁厚所害了。所以宋代的楊適解釋孔子的意思：君子做人統一於誠字，但又不能誠而不明。所以雖然不妄自猜度人，但遇事臨人，又需常有先覺。如果不猜度人反而被小人欺騙，這樣做人也是不足取的。康有爲把這個意思，徑直概括爲四個字：「自誠而明」。自誠而明也就是賢哲，或者賢明。

自誠而明四個字，理論上說說容易，實際做起來就比較困難。且不說老天吝嗇，造人時不輕易讓人變得那樣完美，總要不是這裡缺一點，即是那裡有所不足，很難集賢與哲於一身，即使我們面臨一個具體人、一件具體事，誠與明兼具也不容易。《後漢書·郭躬傳》記載：中常侍孫章讀錯了詔書，尙書認爲他是想「矯詔殺人」，皇帝也因爲他與犯人同縣，懷疑他有私仇故意報復，不自覺地走入先懷疑別人，再委曲附會想辦法證實自己的懷疑，從不誠起始，因爲不誠，最終造成不明。這樣的例子是很多的。至於像《水滸傳》中林沖那樣，已被別人幾次算計，還要誠實赴約誤入白虎堂，甚至到了黑松林還要說「無冤無仇，望祈饒命」的痴話，由老實而落入愚蠢，這樣的事又何嘗不多呢？

以直報怨　以德報德

老子有句話：以德報怨。

孔子對這一點並不絕然否定，但他認爲做到這一點需要道行高深，所以這項多只是極少數人才能走的一條小路，而不是大多數人都能行的大道。而且弄不好，不是虛僞，就是無人氣。

孔子主張中庸，凡事都要不失人情物理，所以他說：不如以直報怨，以德報德。

讓我們從以直報怨的「直」字講起。

直是什麼？

明代人丘兆麟說：「心無所曲爲直」。直與曲相對，曲有曲服、曲意幾種意義，曲服使人無骨氣，曲意使人虛假，都很要不得。人要有眞骨、有眞氣，所以要以直報怨。孔子說：對一個人內心藏有怨恨，表面上卻和他要好，這種行爲，左丘明認爲可恥，我也認爲可恥。

在現實生活中就會有那樣的人，別人給他臉色看、欺負他，他還要去曲意奉承，或者裝笑臉與之周旋，那種奴顏媚骨，或虛情假意，確實令人看不順眼。《禮記·檀弓》上記載，子夏問孔子：「處在父母之仇中，怎麼辦？」孔子說：「應有不共戴天的意志，睡草墊子，枕著刀槍，不做官，在路上碰到了那仇人，不亮兵器就給予襲擊。」子夏又問：「處在兄弟之仇中，怎麼辦？」孔子說：「這應該不與他共住一國，在「國際」上遇著了他，只要不損害公事，就應該對他毫不客氣。」又問：「處在堂兄弟或朋友之仇中，怎麼辦？」孔子說：「自己不出頭，但別人出頭自己也應出一份力。」這裡，孔子把以直報怨的意思說得很清楚了。

至於以德報德，不必結仇招怨，冒危險，有天良有仁心的人都能做到。但其中也有幾點難處：

報德不論德之厚薄

別人對我有恩有惠，我計較這恩惠的大小，雖然報答了，但實是以利還利，是薄情薄德的表現，而不是以德報德。

施恩造德而不圖報

若圖報，自己先落入利益計較中去了，別人報德倒無處可報了。

總之，如前人所說：無論報德報怨，有一原則：「怨期於忘之，德期於不忘。」以直報怨，報了，心無餘怨，怨就消了、忘了；以德報德，恩情相感，人情更加美好，心裡就會牢記不忘。這實在是很有意義的。

當然，凡事都有特殊情形。唐朝的婁師德，是世家公子，祖父歷代都做大官，他弟弟到代州去當太守，他囑咐說：我們婁家屢世餘蔭，所以難免被人說道。你出去做官，要認清這一點，遇事要能忍耐，他弟弟說：這我懂得。就是有人把口水吐到我臉上，我也自己擦掉算了。婁師德說，這樣還不行。弟弟又說，那就讓它在臉上自己乾。婁師德說，這才對了。自己條件優越，不妨遇事忍耐。這就是本書《矜而不爭》篇說的「我慢」的好處。相反，窮小子出來做事、做官，就可以傲慢一點不要四處巴結，婢作夫人，一副奴相，才好。

交友待人的兩種方式

孔子因人而異教弟子以「交友待人」之道：

子夏為人寬厚隨和，孔子對他說：

可以交往的才交往，不可交往的就拒不往來；

子張為人褊狹苛刻，孔子告訴他：

既要與賢人為友，又要接納普通人，既要能讚許好人，又能哀矜無能的人，既然自己不是完美無瑕，為什麼不能容忍別人的缺點呢？

人生在世，不能不與人交往，更不能沒有朋友。

在交友待人方面，各人有各人的個性，這就形成各人的自我選擇。既然有選擇就容易會出現偏差，不是擇友過嚴，就是擇友過寬，不是失之於濫，就是失之於偏。

交友接人之道是一種理性原則，是人透過努力才能認識和做到的。而且，交友接人之道也不是絕對的、一成不變的，而是要結合各人的個性，發揚所長，克服所短，也就是因人而異地對自然選擇的交友接人加以矯正。

這裡主要有兩種情況。

一種是爲人過於隨和，交友接人沒有多少原則，該交的交，不該交的也交，以至交了一些有損無益的朋友，使自己受到不良影響；另一種是爲人過於苛刻，要求過高，擇友偏嚴，天下沒幾個人能對味口、能看上眼，自己把自己封閉起來，既沒有交友的樂趣，又缺乏朋友間彼此激勵的力量。孔子提出的交友接人之道，正是針對這兩種情況。這兩種情況是互相矛盾的，所以解決的辦法就不免各有偏蔽。因此王陽明告訴人們；對兩方面的原則要善於運用，運用得當，就不會有偏蔽。

除此之外，應該結交各種不同的朋友。有情感上彼此愛戴的私人朋友，也有事業上互相依重的同志，有知心知意的摯友，也有互利互惠的一般朋友，還有知識上人格上能給我們影響和幫助的朋友……交不同的朋友，有不同的分寸和原則。比如，你向一般事業上的朋友要求很深的私人感情，向互利互惠的朋友要求事事見眞情，那就失之於苛刻，自己吃了虧，朋友感情也完了。又如，與師者長者交友不宜過於親暱，與知心朋友相交也不能全無彼此……其微妙處交友中都需善加把握。

魯迅爲許壽裳題幅說：「人生得一知己足矣，斯世當以同懷視之」，可見朋友的珍貴。

其實，在現代社會和現代人的生活中，值得珍貴的不僅是知心朋友，各種朋友均有其價値，皆應予以珍重。因此，在現代掌握交友接人之道，在意義上也就格外重要。

和而不同　泰而不驕

孔子說：君子公心愛物，不肯看到別人有所偏失，而不加以糾正，所以能和而不同（公心愛物是「和」，以己正人是「不同」）；小人則相反，不是盲目附和，就是阿比取媚，像別人的影子一樣，沒有自己獨立的意見。

又說：君子見大心廣，心地坦然，從容舒泰而不驕矜做作；小人略有所見，即自以為是，意氣飛揚，把全世界人都不放在眼裡，沒有一點安詳舒泰的氣象。

做人要做到恰到好處，那才是藝術。

和而不同，泰而不驕，就是恰到好處地對待自己和別人的兩個方面。儒家從人格修養的角度，把人分爲聖人、賢人、君子、庶人、小人一些等級，做到了和而不同、泰而不驕，就可以算是個君子了。

我們先說和而不同。「和」與「同」這兩個字，看似很相近，其實卻正相反，它們是互爲對待的一組範疇。和是協調群衆，把形形色色的人等捏成一個整體；而同是在各色人等的群衆中認定意氣相同的，這就是所謂知音，同志，其表現是用單一代替統一。要協調群衆，首先自己要超出群衆，要具備服衆之德。就是說，只有德操修養達到一定境界的人，才能在不盲從、不阿附中與別人達到一致。這個一致要以「義」爲標準，義者宜也，宜合乎情理也，以義爲標準的一致是合乎情理中與人和諧相處，因此和諧一致是爲合情合理所決定的。爲合情合理所決定的和諧一致，就是和而不同。所以古人說：「臧否損益不同，中正以訓，謂之和言」，就是說，要有原則（中正以訓），要敢提不同意見（臧否損益），這樣在切磋琢磨中結成同志。同就不是這樣。因爲只有單一，所以其它都是附屬。但既有「其它」，實際上也就不是「單一」，之所以這些「其它」能來附屬，不是因爲愚蒙盲從，就是因爲阿比圖利——不管對與不對，只要能討你歡心，他都會唯唯諾諾。康有爲總結和與同兩個方面說：「蓋君子之待人也，有公心愛物，故和；其行己也，獨立不懼，各行其是，故不同，小人之待人也，媚世易言，故同；其行己也，爭利相忮，不肯少讓，故不和。」可見和與同正相反，和就不能爲同，同則妨害爲和。

再說泰而不驕。泰是個很好的字，其基礎意義是穩重、廣大、高聳，在這個基礎意義上，連帶產生其它一些很好的意思：因為穩重廣大，所以它高聳並不逼迫人，甚至使你並不覺得其高聳；因為穩重，所以平安，不以危險驚人；因為廣大，所以寬裕、能包容，不輕易焦躁，不憂不煩。這一切合起來，就是心理、人格的從容、安詳，不自卑，也不自傲，不輕視人，也不盲目崇拜人，自己有本性，能自信，更能滿懷信心地以自己的本性與別人平等自如地相處與交往。驕則恰與此相反。它的表現是自滿。世界上容易自滿的東西，必然狹小淺陋，像井，像堰塘，像小溪小河小湖泊等等，都是因為自身淺狹，所以容易裝滿。而真正廣大淵深像大海，誰曾見它滿過一回呢？而且，容易滿的東西也容易「溢」，溢出來，沒有管束，就放縱為害。所以心裡有個驕字，很容易成為小人。

世界上的事情是複雜的，也有人不是因為自滿，而是因為自卑，惟恐失尊，心常戚戚，所以自己驕而不泰的。同時，也有不驕卻也不能泰，或者雖泰而仍難免於驕的。總之，求不驕較易，求能泰為難。泰是至高境界。

矜而不爭

孔子說：君子莊敬自重，與人無所爭。

荀子說：君子才德過人，但不因此驕人，與人爭高下，就像一個人力大如牛而不與牛鬥力量，走快似馬而不與馬比速度，他聰明過人但並不與人比聰明。

有人說，「驕傲」其實是兩回事：沒有眞本事又看不起人，是驕；有眞本事而自視甚高，是傲。自視甚高的人如把傲氣表現出來，對人輕慢無禮，是很不好的。人不能沒眞本事，不能不看重自己；有眞本事因而自視甚高，向內昇華，傲在骨子裡，成爲有氣節、在任何情況下絕不自輕自賤、自辱人格，就是「矜」。因爲矜是一種向內、重我的傲，所以以前又叫做「我慢」，它與向外、輕人的驕傲（或者可相對稱地叫「他慢」吧）是完全相反的。它是有修養的人應該具有的優良品質。

眞正修養深厚、莊矜自重的人，不大與人爭長較短，因爲他們把自身的優勢，向內變成人格涵養，向外變成一種不屑計較的態度。宋代宰相富弼年輕時，有人告訴他：某人罵你。富弼說：恐怕是罵別人吧。這人又說：叫著你的姓名罵的，怎麼是罵別人呢？富弼說：恐怕是罵與我同名字的人。據說，那位罵他的人，聽到這事以後，自己慚愧得不得了。爲什麼慚愧呢？因爲與自己一比，富弼人格與表現上矜莊自重的優勢都太突出了。周作人也曾講過一件事：說他在北京街上行走，曾見紳士戴獺皮帽，穿獺皮大衣，銜紙煙，坐包車，在前門外熱鬧胡同裡岔車時，被後面車夫不小心用車把叉了後領，這紳士回頭一望，仍然回過頭去吸他的紙煙。被人罵，被車把叉後領，肯定都是不舒服的事，以大罵相報也未嘗不可。但那未免就要不好看，未免就現出醜態。爲這點小事，自貶身份，等而下之，不值得。所以，矜而不爭，是一種高度的自信、高度的自尊，是在人格價值上超越對方、壓倒對方。

當然，所謂「矜而不爭」，是有條件、有場合、有限度的，所以它並非要求人在任何情況下都絕對不爭以至甘受欺侮。所以，所謂「矜而不爭」，不僅只是自己自尊自重的一種優勢態度，而且也要是在事實與有優勢地位，不然，矜無所矜，就成爲阿Q，成爲懦夫了。

益者三友　損者三友

孔子說：三種朋友有益，三種朋友有害。

交正直的朋友、講信義的朋友、知識廣博的朋友，有益；交虛僞的朋友、諂媚的朋友、誇大其談的朋友，有害。

儒家對於人性有一個很有意義的發現：習染可以變化性情。並且這種變化是漸進的，某一變化過程，你甚至覺察不到，但時間一久，卻已如天壤之別了。對一個人影響最大的，是他身邊的人，特別是朋友，所以交友需要愼重，需要有選擇。孔子打過一個比喻：與好人交朋友，就像進到花房裡，久而不聞其香，因爲你全身都充滿了香氣；與壞人交朋友，就像進到賣鹹魚的鋪子，久而不聞其臭，因爲你自己滿身都已是魚臭味了。

人有各種各樣的性情，與哪些性情的人交朋友有益，與哪些性情的人交朋友有害呢？

與正直的人交朋友有益。正直的人，不取巧，做事應當怎樣就怎樣；不說假話，該批評就批評。唐初宰相魏徵，就是這樣一個秉性耿直的人。他在唐太宗身邊工作達十七年，先後提了兩百多條意見，言辭切峻，舉發了很多弊端，甚至有些當面說出來的話，弄得唐太宗下不了台。但這一切，對李氏江山、對治國治民有好處。所以魏徵死後，唐太宗說他失去了一面隨時瞧見得失的鏡子。

與講信義的人交朋友有益。講信義的人，不會當面一套而背後另外一套，不會說一套作一套，不會表面上笑嘻嘻，心裡惡狠狠。交這樣的朋友，不會上當，不會學著搞陰謀、盤算人。

與知識廣博的人交朋友。一個人，學問見識總有所限，交知識廣博的朋友，可以擴大眼界，提昇自己，補充親身見聞之不足。

相反，不能與虛僞的人交朋友，不能與諂媚的人交朋友，不能與夸夸其談的人交朋友，虛僞諂媚之徒，對你好，也只是在應付你；奉承你，是想博你歡心，其實心裡在打自己的算盤，想達到某種目的。因爲要討你歡心，所以就投其所好，灌迷魂藥，引你離開正道，滿足他的願望。夸夸其談之輩，貌似有學問，有能耐，其實金玉其外，敗絮其中，不僅不能使你增加見聞，而且會以假亂眞，妨害你獲得正確的認識，造成錯誤的判斷。

少年人和青年人，有權有勢有財有利的人，尤其需要記住交友三益三損的道理。

工欲善其事　必先利其器

孔子說：

就像做工要有成效，必須憑藉好的工具一樣，一個人在政治上、事業上要有建樹，必須結交有地位的賢人，有知識的智者。

「工欲善其事，必先利其器」，是兩句士庶皆知的名言。但好多人可能並不知道，孔子這兩句話，其實不是講怎樣做好工，而是打個比方，教人去攻關係學。

人生在世，要辦成一件事情，沒有關係，很難；要在政治、事業上有大作為，沒有關係，就更不行——這就像切肉刀不快，要擰螺絲沒扳手一樣。孔子很重視這一點，他告訴子貢這位在當時政治、經濟、外交方面都很有成績的學生說：在一個國家生活要廣泛結交政府官員、社會名流，這樣，各方面都有了良好的關係，有了朋友，達到自己的想法就比較有基礎，就能夠實現仁政的目標了。孔子自己也是這樣做的，他周遊列國，拜見諸國君臣，很是用心。第二次到衛國，衛靈公的夫人子南把持朝政，召見孔子，孔子也去會見，並且陪他坐車兜風。孔子的人際關係，是很厲害的，他之所以不能上台，不是不懂關係，而是不肯苟且，不肯不擇手段，心裡總想推行自己的一套「仁政」、「禮治」的原則，如果他肯犧牲原則，拿到一國政權是輕而易舉的事。所以我們不要把孔子在關係學上看作一個呆板迂腐的人。

歷史上，很有才學的人，也不都是抱著才學和書本吃飯的，相反，很多人都不得不搞關係、走門路。唐朝有投刺之風，光考試好還不行，還必須要結交要員，讓他賞識你，舉拔你，才行。像白居易，詩賦學問都很出色，但初到長安，卻很落魄，因無人保薦，連參加考試的資格都沒有，眞是「長安米貴，居，大不易」。後來找上顧況，把「離離原上草……」等詩給他看了，獲得了稱讚保舉，才一帆風順地走入仕途。宋朝的蘇轍，也是一到京城就給樞密韓太尉寫信。總之，要有點作爲，光靠本事不行，還要懂人際關係。

在現代生活中，不善社交，就更不行。美國專門研究人生成功之道的卡耐基先生曾發表他的研究結果說：現代人的成功之中，專業知識、技能、學問只占了百分之十五，而其它百分之八十五都是非專業智慧方面的，其中人際關係占的比重尤大。這裡要解釋一個觀念問題。並不是所有的搞關係都是不正之風，都是巴結人。人要做成一件事情，要儘量多多爭取和利用各種力量，這正是大將風度、君子風度。相反，連正常的關係都不懂，犯清高病，則是無益的。

當然，如果不擇手段，毫無原則，盡是爲衣食小利，那又是另一回事了。

四海之內皆兄弟

孔子說：

一個人辦事聰明，行爲合乎禮數，與千里之外的人相交，也可親如兄弟；如果辦事不聰明，行爲不合禮數，即使與別人住對門，別人也不願和他來往。

「四海之內皆兄弟」這句話，在儒家那裡，有兩種意思：一是同志相愛；二是處世藝術。

《左傳》哀公十四年記載：司馬牛的哥哥桓魋爲人很壞，在宋國謀反，宋景公要他的另一個哥哥向巢率兵去討伐，但向巢卻帶著軍隊和桓魋一起叛亂，最終兩人都失敗逃亡在外。司馬牛是不贊成他兩個哥哥的行爲的，這時在宋國也待不下去了，拿出封地和珪玉買了一條命，四處流亡。有一次，他很感傷地說：「別人都有好兄弟，唯獨我沒有！」子夏聽到了這句話，勸導他：「我聽老師（指孔子）說過：『死生由命，富貴在天。』一個人做事為人，嚴肅認眞，不出差錯，與人相交恭謹有禮，這樣，天下之大，到處都不缺朋友，何必為沒有好兄弟而傷心呢？」這實際上是說，在恭敬禮義這些共同原則的基礎上，大家可以和諧相處，像兄弟一樣，相親相愛。儒家講仁義禮智信，可以說目的全在這一點上。就是要在共同的人生原則和道德規範的基礎上，實現天下一體，人皆兄弟。

人在家裡或在一個環境中生活久了，父母兄弟朋友都很了解你，這種因相知而相愛的感情是美好的。但是人難免要去新的地方開闢新的生活，這時候一片生疏，該怎麼辦呢？《禮記》上說：曾子的學生要離開老師、同學到晉國去工作，很動感情，說：「我沒有知己了！」曾子說：「何必這樣呢？輕鬆地去吧。到那裡能與你相知的人同他以朋友相處；不能與你相知的人，同化，以禮義相處；寬厚待人，把事作好，少發議論，大家就能像兄弟一樣在一起共事了呀！」在現代社會生活中，這種處世方式可以說是很重要的。

另外，「四海之內皆兄弟」，現在人們常把它理解為一種博愛精神：對所有的人都要像兄弟一樣。這樣理解，乃至這樣做，當然也是十分聰明的。

與師長交往的藝術

孔子說：與老師、尊長交往，要注意不犯三種過失——

一是輕躁，搶著說話；

二是隱默，該說的卻不說；

三是不長眼睛，不善於把握情緒與氣氛。

人與平輩交遊，可得社交之樂；而與長輩交遊，則可得到必要的幫助與提攜。因此，在條件可能的情況下，應該多接近能給我們知識和事業以幫助的師長。與師長相交，和與平輩相交不同，平輩相交，在嬉玩之間即可互相親近，所以即令隨隨便便也無妨礙；而與師長相交，因爲地位、身份、年齡等的差別，已經有了一層隔膜，所以需要我們以自己的表現來爲對方所接受、所賞識。這在態度上，應該眞誠而不輕率，親近又不隨便，就是說，在「眞」與「親」之外，還需加個「敬」字。

這裡的關鍵，是眞、親與敬兩方面要處理得好。有人爲「差距」所阻，敬有餘而眞、親不足，或是不敢去接近，或是接近之後無所表現，說話行事都太拘謹，這樣，距離就始終是距離；相反，有人眼裡又全無差距，行爲過於隨便，說話過於放肆，這樣毫無差距，反而會把差距弄大。

怎樣克服兩方面的不足呢？孔子說：

不要搶話講

師長並未準備好聽你的話，或對你講的話無興趣甚至有忌諱，你講的話就不易帶來好的效果。如果你出於一種愛出風頭和愛表現的輕狂，搶話講的效果就更壞。

不能當說而不說

自己的情況、學習的心得、乃至不平與牢騷，及其有關的消息，都是建立眞誠而親近的感情所必有的話題，在這些話題中，可達到情感的交流和深化。

應該注意時機和對方的情緒、興趣

以上交下，在上者的顧忌就很少，所以也較少應酬的耐心，這就需要在下者長點眼睛，善察顏色與氣氛，當留即留，當退即退，當語即語，當默即默。

除了工作、學習方面的交流溝通之外，在生活領域裡溝通也很重要。特別是在困難之時，爲師長盡點力、分點憂，作爲自己誠與敬的一種表現，也是很好的。

不可自慚形穢

孔子表揚學生子路說：

穿一身破舊的棉袍子，和穿著華貴裘皮的人站在一起，而絲毫不自慚形穢的，恐怕只有子路一人吧！與此相比，那些立志很高而又為自己吃穿害羞的人，就不值一談了。

現在常聽到一句話：「誰受窮，誰狗熊。」這句話只在下述兩種情況下才可以認爲是正確的：

・因保守或懶惰而貧窮。

・已處在貧窮落後之中而不奮發自勵。

除此之外，一切認爲貧窮可恥的想法，都是很糊塗、很淺薄、很荒唐的。貧富窮達，決定於一己之力的少，決定於條件機運的多，更不用說還有種種用不正當的手段損人利己而達到的富貴了。俗話說：「爲富不仁」，這句話從反面來看，則是：「仁則難富」，也並非沒有道理。而且，人自身的價值，也決不是可以用金錢地位來衡量的。人有人的精神。往小處說，要奮發致富，靠的是這點精神。往大處說，宇宙之大，物品之繁富，財寶之多，人小小一身，要在其中立住，使自己不爲這無盡的財物所掩沒，享有一點自所身的價值，靠的還是這點精神。

所以孔子表彰這種「貧賤不能移」的精神。

一個人在金錢、地位面前被威懾住，萎萎縮縮，自慚形穢，這種樣子，多麼難看！所以，孟子說：「說大人則藐之。」曹植說：「左顧右盼，謂若無人，豈非君子之志哉！」而左思的詩說得更好：「貴者雖自貴，視之若埃塵；賤者不自賤，重之若千鈞。」這告訴我們，無論在什麼人面前，要有禮，但不要自卑、膽怯。要對自己有信心，自己尊重自己，重視自己與別人平等的人格。這樣，不僅能不自賤自羞，而且能對人不嫉妒、不巴求，堂堂正正地立於天地人群之間。

據說子路是「卞之野人」，從小在鄉間長大。

鄉人只要不飢不寒，就有不因非份之想弄出種種醜態來的淳樸性格，加上在孔門所受的教育陶養，使他形成了自重自強的人格，這一點，對今天的我們，仍然具有很大的啓示意義。

富然後教

孔子到衛國，冉有替他駕車子。
孔子說：好稠密的人口！
冉有說：人口已經衆多了，又該怎麼辦呢？
孔子說：使他們富裕起來。
冉有說：已經富裕起來了，又該怎麼辦呢？
孔子說：教育他們。

中國封建社會裡，把統治者稱爲「父母官」，這一比喻，大概是從孔子開創的儒家思想裡產生出來的。好的統治者，視民如子，就應有點做父母的樣子。因此，父母對孩子應盡的三大責任：生、養、教，統治者也必須做到。

生 不成問題，牝牡交合，作樂然後生人，這是自然天賜，在父母，並未特別用恩。但一個國家的統治者做到這一點，卻須特別努力。這就是要珍視老百姓的生命，要預防天災人禍掠害生命。中國歷史上，水、旱、瘟疫、戰爭等等，內亂外患，都曾造成人口銳減。

養　在父母是要子女體魄健壯，在統治者則是要老百姓豐衣足食，生活富裕，有家產，有餘財。孔子重教化，但更重生命，所以明確地以富民爲先，因爲這是教化的基礎。他特別推崇管仲。管仲有一句永垂青史的名言：「倉廩實而後知禮節，衣食足而後知榮辱。」政治教化應該建立在使老百姓生活安定富裕的基礎上。因爲老百姓生活安定富裕，他就會安鄉重家；安鄉重家，才不願輕易犯罪、行爲恭敬而謹愼，以求常享那份富裕的生活。這樣，老百姓就容易管理了。否則，爲貧困所窘，要吃沒得吃，要穿沒得穿，朝不保夕，生不如死，老百姓就會鋌而走險。

教　就是培養孩子的人格與智慧。現在父母要眞正盡到教育之責，起碼要讓中才以上的孩子受高等教育，從幼稚園到大學，加起來一共近二十年。統治者的「教」，就是現在的一句口號：樹立精神文明。這在孔子，有一整套內容：禮義廉恥，孝悌忠信，寬仁惠敏等等。在這些具體內容背後，有一個千古不移的目標，就是把人同動物區分開來，把人發展爲人，使之有人的風度、人的知識、人的道德、人的美好。

孔子的既富矣，然後敎之，是以富爲基礎，以敎爲目標，是合理而又可行的很好的政治思想。對這一點，歷史上曾出現過失誤。宋儒不知基礎的重要，徒陳高義，標榜餓死事小，失節事大一類荒謬主意，生命都保不住，節又從何談起呢？現代也曾有毫不利己、專門利人和生產是末、政治是本的種種運動，這些忘記人的生存根本和發展的正常路數，又怎樣不使人誤入歧途呢？

因民所利而利之

孔子說：治理國家有一條惠而不費的好辦法，就是：順著老百姓謀生取財的本性和客觀條件，使他們得到利益。

漢末王肅解釋說：

這是不耗國庫之財，用政策給人民帶來好處。

中國幾千年來逐漸形成了一種大一統的政治格局：政府什麼都管，官員事事插手，老百姓被「統」得死死的，不能就其所便因其所長發揮自己的創造才能，所以雖也終年終身勞累，生活卻仍無法改善。其實，這是最笨最要不得的一種辦法。首先，政府什麼都管得死死的，人民的生產、生活和思想沒有一個自由的空間，創造性就發揮不出來，而政府實際上不可能面面俱到，把事事都設計得盡善盡美，相反，脫離實際，主觀妄行的錯誤卻經常發生。其次，官員實際上不可能事事都懂，尤其集權一統政治局裡的官員，因爲向上面負責超過一切，所以會當官不一定會做事，事事插手，常常是以文亂實，以一套花架子干擾具體作事的人。第三，老百姓根據各自的情況謀生取財，一人有一人的方式，一人有一人的智慧，這是一股無窮的創造力，只有這股創造力自由地發揮出來，才能富國富民，壓制這股創造力，只會越弄越窮。

所以孔子提倡「因民所利而利之」。比如，山地之民，利在山貨木材，濱海之民，利在魚鹽水產；平原之民，則利在糧棉五穀。又比如，手藝人可以靠一技之長吃飯，生意人可以靠販運買賣吃飯，有文化的人可以靠出售知識獲取報酬……；一言以蔽之，政府能有一套開放寬鬆的政策，使地盡其利，人盡其才，整個社會日富一日，生機勃勃。

近十數年中國經濟建設的發展，充分說明了這一點。首先是農村歸土於民，放手讓農民自己經營，農村經濟和農民生活很快就得到了大幅度改善。這股風吹進城市，吹進工業領域，國家減政放權，擴大企業自主權，讓其面向市場發揮自己的優勢和創造力，也已有了初步成果。隨著歷史的發展，這股風必將進一步吹進文化、教育、科學、衛生等領域，吹開整個上層建築領域裡長期形成的沈寂局面，造成整個中國社會的大躍進。

一言可以喪邦　一言可以興邦

魯定公問孔子：按一句話做就可使國家興盛，有這事嗎？

孔子回答說：不應希望世上有這樣簡單的事。不過，大家都說，做國君很難，做臣子不容易，這大概可算是能「一言興邦」的一句話。

魯定公又問：按一句話就做可使國家衰亡，有這事嗎？

孔子回答說：世上也沒有這樣簡單的事。不過，有人說，我做國君沒別的快樂，只是說話很威風，沒有人敢違抗，如果盡說錯話而又無人敢違抗，這就是可以「一言喪邦」的那句話。

地位和責任是一體相連的。地位越高，責任越大。但是，責任大，權力也大，地位高，好多人都在你下面仰望你，這也是很威風、令人得意忘形的事。所以，人坐在一定的位子上，可以有兩種態度：一是敬畏、一是驕奢。兩種態度，產生兩種效果。敬守職責，生怕弄不好會出紕漏，兢兢業業地辦事，這樣，不論從事何種事業，都會興旺發達。相反，利用自己的職守之便，任性妄爲；又把地位看作自以爲是的資本，予智予雄，聽不進別人的意見，就會完蛋。

正因爲如此，古代的賢聖君王，登基牧民，常懷如履薄冰、如臨深淵之思。

天子受命，需受三策：

·接受這樣重要的使命，怎麼辦呢？只能長久地憂慮操心了。

·天命降在我身上，只有盡心盡職，躬引不殆。

·要想長保天命，就要刻苦自勵，不可以用這個地位來謀求享樂。

——《韓非子外傳》

《韓非子·難一》有一則著名故事：晉平公召集群臣飲酒，喝到得意的時候，感嘆說：「做國君沒什麼好處，好處就只是權力大，沒有人敢違背自己說的話。」著名樂師師曠聽了，抱著琴就向他身上猛撞。平公趕忙讓開，說：「大師你撞誰？」師曠說：「我聽到一個小人在旁邊說話，不自覺就撞了。」平公說：

「你撞的是我呀！」有大臣說師曠犯君當誅，晉平公說：「不要怪他，我自己應以此事作鑑戒。」

那些得志便猖狂，驕奢自是，胡作非爲，而又一意孤行，聽不得別人批評意見的人，應該吸取隋煬帝的教訓。隋朝在文帝手上，就已經相當安定富裕了，到隋煬帝篡位，荒淫揮霍無度。大興宮苑，侍候他的樂師舞妓有三萬人；率領十二萬人南遊江都，挽船的壯丁多達八萬。開國元勛、當朝執政二十年的大功臣高只是在私下裡批評他太奢侈，就被他殺了。他對名士虞世南說：我生性不喜歡人家提意見。大官提意見，我不會饒他；卑賤的士人提意見，我決不讓他有出頭之日，你記著吧！正因爲這樣，短短十四年時間，就把隋朝一統錦繡江山葬送了，自己也被人縊死。

做國君是這樣，做平民也是這樣。知做人之不易，從而時時刻刻警勵自己，恭謙隨和而又志大刻苦，這樣的人終會有所成功。相反，任性使氣，圖一時快活，說話做事缺乏周全考慮，而又意志薄弱，不能奮發上進，這樣的人一輩子都難有什麼可觀之處。

先正其身　然後正人

孔子說：自己行為端正，不發命令，事情也行得通；本身行為不端正，三令五申，老百姓也不會信從。

所以，自己能作表率，治民施政就沒有困難；自己偏私胡為，而要去端正別人，怎麼做得到呢？

「身教重於言教」是一句古話。所謂身教，就是《淮南子》上說的「所立於下者不廢於上，所禁於民者不行於身」，即要下面做到的，上面必須先做到，不准老百姓做的，自己也要不做，總之，萬事皆當「先自爲檢式儀表」。《新序》記載：魯國社會風氣很不好，賣羊的人要羊喝飽了肚子才賣，賣牛馬的人伙同商賈哄抬價碼，婦人淫蕩，男人奢侈……但孔子當了司法部長以後，賣羊的人不敢再要羊飲水以增加重量，賣牛馬的人不敢再抬高售價，男人不得不收斂行爲，淫蕩的女人被休棄，連齊國也主動歸還了以前侵占的魯國國土。爲什麼呢？劉向說：這一切都是「由積正所致也」，即大家看到孔子行得正，所以自然不得不跟著正。

相反，自己做的是一套，而從嚴要求別人做另一套，效果往往不會好。《晏子春秋》中有個很著名的故事：齊靈公喜歡看女人打扮成男人的模樣，結果全國上下的女人都穿上了男式衣服。齊靈公發出嚴令：有女人穿男式衣服的人，撕破她的衣服，扯斷她的佩帶。各級官吏嚴厲執行，但還是禁止不了。齊靈公很傷腦筋，向晏嬰請教。晏子說：大王您後官的婦女都是打扮成男子模樣的，怎麼又能禁止老百姓作這樣的打扮呢？於是齊靈公禁止內宮婦女穿男式服裝，一個月後，這種「女扮男裝」的風氣才煞住。

話雖這樣說，要國君、君吏「正己」又是最難、最不易做到的。中國從韓非提出「官師合一」起，當官的也靠耍嘴皮子吃飯，唱高調，發號召，教訓人，要求老百姓這樣那樣，但自己爭權奪利，納賄貪私，吹裙帶風，吃公款，做官不做事……最好聽的形容詞，最漂亮的漂亮話，最高音的高調子，是他們在說，在唱，同時，最黑的黑幕，最醜的醜態，最壞的壞事，也是他們在做，在演。古人說：「以身教者從，以言教者訟」，「訟」就是起爭端，鬧亂子，裝假騙人，沽名釣譽。所以孔子「苟正其身矣，於從政乎何（難之）有?不能正其身，如正人何？」可說是古今一大浩嘆？

得之以公　失之以偏

孔子說：公平使老百姓高興。

劉寶楠解釋道：治天下必先公。公則天下太平，太平來自公。成事在公平，失事在偏私。

《呂氏春秋·貴公》說：陰陽氣候，甘露時雨，不擇物而變，不私物而降，這才是公的氣象。

有一句俗話：人活一口氣。

老百姓可以一無所有，但一息尚存，這口氣卻總在。平常受輕視、被欺壓，投告無門，這口氣忍著、壓著，一層層鬱結起來，終於有一天忍不住壓不住了，衝決而出，拚命也要出這口氣。如果大家都有同樣的怨氣，一齊來出，就能形成翻天覆地的力量。孔子很重視這一點，提出不能因老百姓人微勢輕，就恣意委屈愚弄他們。相反，辦事要讓他們高興，能平他們的氣。做到這一點，沒有別的辦法，就只有一個「公」字。所以可以說老百姓心理平衡、平順，全靠統治者能持之以公；進而天下的太平、平安，也靠統治者能秉公辦事。這一個「公」，兼繫人心之逆順與天下之安危，是任何時代的政治中最重要的智慧原則。

《漢書·張良傳》上說：「劉邦奪得天下之後，先封了二十多個大功臣，其他的人日夜爭功、很不安寧。」有一天，劉邦在洛陽南宮看見下面的人，三個一團，五個一夥，在那裡竊竊私議。劉邦把張良找來，問那些人在做什麼。張良說：「他們正在謀反。」劉邦大驚，急問：「為什麼。」張良說：「陛下您一介布衣與他們一起南征北戰，今天得了天下，您自己貴為天子，所封的都是蕭何、曹參一流與您親近的人，而所殺的又都是您平時不喜歡的，所以他們既擔心自己能否得封，又擔心哪一點逆忤了您被殺，人心不安，才有反意。」劉邦很擔憂地要張良出主意，張良教劉邦把自己最不喜歡的人找出來，論功行封，讓群臣看到所有封賞都是無偏私無偏愛的，都是秉公持正的。於是劉邦封賞了自己最討厭的雍齒。群臣見雍齒被封，原來的不平和擔心自然消解，都一心一意擁護劉邦做皇帝了。漢初人心、政治的安定局面，就是這樣由一個「公」字奠定的。

社會安定離不開一個「公」字，領導者的見識、能力與辦事水平也要靠一個「公」字。「利令智昏」。有人投其所好，送其所需，鞍前馬後，吹吹拍拍，沒有公心，哪能正確地判斷、正確地用人（甚至在著名學者中也有不少因偏私影響判斷的，錢穆《師友雜憶》中記胡適評馮友蘭「天下之蠢人無如芝生者」可爲一例）；一件對大局、對事業無益有損的事，可能對個人有好處，沒有公心，也會賣力地去做；一句話、一意見，說出來可能使某些人不高興，沒有公心，就不會有發表的勇氣（所謂「無私才能無畏」）……

「公」其實不只是個道德問題，而且也是一個領導者、一個政治家大智大慧的表現。《左傳·襄公三年》記晉平公時祁黃羊推薦仇家解孤作南陽令，又推薦自己的兒子做軍尉，這樣不爲親仇所蔽，唯才是舉的大見識大智慧，就是從「公」字中來的。

善爲國者至於無訟

孔子說：

犯罪的人絕難逃脫，必被抓起來繩之以法，這是今世執法者的才幹，是法治的末技；能夠移風易俗使人重德貴義不去犯罪，因而有刑法而很少使用，這是古代執法者的才幹，是法治的根本。

審理訴訟，我的本事和別人差不多，我所追求的是使訴訟之事完全消滅、法庭冷落無事可做呀！

儒家貴德治，所以用法而不尚法。

所謂用法，就是：

·條文明細，使人知道合法與不合法的界限，潔身自愛，不輕觸、誤觸法網。

·審獄斷案，公正清明，量刑準確，懲有罪，赦無辜，不阿私，不誤判。

所謂不尚法，就是：

·法是懲之於既成事實、造成危害之後，而不是從根源上解決問題。

·如果政治出了問題，執法再嚴、殺人再多也解決不了問題，所以根本問題不在「法」而在「政」。

所謂德治，就是以德化民，移風易俗，使老百姓仁愛知禮，不做壞事，不犯法。《漢書·韓延壽傳》寫韓延壽在東郡做官三年，舉賢任能，勤政納諫，表彰扶困讓財、孝悌友愛的行爲，大力發展教育，提倡文藝，使鄉風爲之一變，犯案的人大爲減少。後調任左馮翊並代理高陵縣令，有兄弟兩人爭田打官司，韓延壽即引咎自責，認爲骨肉相爭是自己不能宣明教化的結果，感動了打官司的兄弟倆，他們自動和解，韓延壽予以召見、鼓勵。這件事傳遍全縣，老百姓人人自勵自愛，不再輕易爭鬥生事、爲非作歹。這可以說是貫徹儒家德治、從而減少犯罪與刑訟的一個典型例子。

善於治理國家的人是怎樣達到減少犯罪與刑訟的呢?《孔叢子》上子高對信陵君問說:這是由於執政的人「勤德而無私」,個人能作老百姓的表率,有德惠,又會辦事,才辦到的。季康子苦於魯國盜賤太多,向孔子求教,孔子說:「假若你自己不貪求財貨,就是獎勵人去偷盜,人們也不會做。」季康子又說:「假若多殺壞人而親近好人,大約就可以把國家治理好吧!」孔子回答道:「以政治民,何必靠殺人呢?你自己眞心向善,老百姓也就會善良。領導人的作風好比風,老百姓的作風好比草。風向哪邊吹,草就向哪邊倒啊!」

王符《潛夫論・德化篇》說:統治者以德治民,以禮教民,那麼,老百姓互相親愛,就不可能互相傷害,做任何事都想想是否合乎道義,也就不會產生奸邪之心——這是教化的功績,是法律、威刑所達不到的!

無求備於一人

《論語》說：對人不要求全責備。

《禮記》說：至清的水不生魚鱉，求全的人沒有朋友。所以，做人應該眼睛明亮但又有所不見，耳朵聰敏而有所不聞，看重別人的大功德，原諒別人的小過錯，不要求一個人盡善盡美。

世界上有些道理，很簡單，但卻不是人人都能懂得，更不是人人所能做到。無求備於一人，就是這樣一個道理。

威尼斯有一句諺語說，一個理想的女子，應該具備四種品格：街上安詳，寺內端莊，家中勤勉，床上顛狂。我們這裡也有作家在文章中寫道，一個理想的妻子，應既是情人（風流）、又是女兒（嬌憨）、又是母親（體貼）。人之所以爲人，就因爲自己是不完善的卻嚮往至善至美，自己是很有限的卻嚮往整體大全，因此從理想上講，求全是人的通性。

但從現實上講，世無完人，求完人的結果，恰恰是失人。《孔叢子》上記載，孔子的孫子子思，向衛君推薦苟變，說他是一員可無敵於天下的大將，但衛君說：「我也知苟變是難得的將才，但他從前做官時曾無故吃了別人兩個雞蛋，於德有虧，所以我不用他。」子思說：「木匠選材，也知取其所長棄其所短，您作爲一國之君，怎可以兩個雞蛋而棄一城之將而不用呢？這種做法千萬不能讓鄰國知道了啊！」像衛君那樣，它不是失去了一位舉國依重的好將領嗎？

所以，無求備於一人，首先是不要在道德上，人格上求全，其次是不要在才幹上、功效上求全。齊桓公要任用寧戚，有大臣說：「寧戚是衛國人，離我們齊國不遠，派人「外調」一下，再任用他也不晚。」齊桓公不同意，說：「去調查，只怕會查出些小問題來，反而因小失大，不如聽而不聞。」這是不在道德與人格上求全。齊景公問晏子應如何用人，晏子說：「用人應該用其所長，而不強求其無所短。」這就像土地上長莊稼，一塊地只能長一種。如果一塊地要長各種各樣的物產，那是得不到的。人也是一樣，可以要求他把一件事情辦好，不能要求他是全才，也不能要求他件件事都辦得完善無缺。這是不在才幹上求全。

不苛責於人，才能得人相親，得人之用。

寬則得衆

孔子認爲：寬是人的五德之一（恭寬信敏惠）。

爲人寬容，能得到衆人愛戴，爲政寬容，能使有才幹的人各盡其力。

如果沒有寬宏的氣度，不論爲人或爲政，都會受到影響。

寬，就是能容物：能容物，才能成就其大。

高山是匯集沙石泥土而成的，海洋是容納江流河水而成的，同樣，任何大事業，都是集合衆人之力、衆人之才幹而來的。所以，眞正做大事業、有大成就的人，都需要胸懷寬大。俗話說：宰相肚裡能撐船。經得住別人在肚內撐幾竿的人，小抵觸、小磨擦不放在心上，才能統帥文武百官、各路英雄。

這裡最根本的是氣度寬大。

一個人氣度寬大，才能與衆人相交，廣結良友。《漢書·班固傳》說，班固爲人寬和容衆，不以才能高人，深得大家喜愛。一個領導者氣度寬大，才能使衆人歸心，爲之盡力。《呂氏春秋‧愛士篇》有一個故事：秦穆公丟了一匹拉車的馬，找到的時候正被人煮了在吃。秦穆公嘆一口氣說：「吃駿馬肉不喝酒是不好的。」於是給每個吃馬肉的人一大碗酒。一年之後，秦、晉大戰於韓原，穆公被槍刺投中，戰馬已被晉軍抓住，眼看就要成爲俘虜。這時那曾經吃了馬肉的三百多人衝了出來，個個捨生盡力，在穆公車下與晉人作殊死鬥，終於大敗晉軍並俘獲了晉惠公。可以說，秦穆公轉危爲安、反敗爲勝，靠的是寬大容物的德行。

寬大容物，就要尊重各種事物、各種人才的個性。

事物的存在和繁衍，需要以各自的本性爲基礎；有才能的人盡其所能，需要個性舒張、心情舒暢。個性是一個整體，其中既包含我們所欣賞所需要的，又可能包含我們所不喜歡甚至造成衝突的。我們不可能攔腰斬斷，要這一半不要那一半。而且，有才能的人，常常都是怪傑，磊落不羈，不拘細行。我們砍掉「怪」的一半，「傑」的一半可能就會枯死。所以寬大容物，就要能容人之短、容人之過。古人說：「水至清則無魚，人至察則無友。」又說：「處大官者不欲小察，不欲小智。」又說：「仁者待人，各順乎人情，凡有所使，皆量其長而不苟其短。」管仲病重，齊桓公想讓鮑叔牙繼任宰相，管仲不同意，因爲鮑叔牙爲人善於觀察和記憶別人的過失，又瞧不起不如自己的人，不能容衆。管仲認爲只有隰朋可以繼任宰相。他既尊重賢能之士，又哀矜不如自己、有缺點的人，能使上下一心，各盡己力。隰朋這種品德，才眞正是寬大容物。

寬大容物，還有一點就是不拉幫結派；更不能黨同伐異；在交友、用人上，要不拘一格，讓投奔而來的人都能大顯身手。這一點，在人才流動大的當代社會，特別重要。

至親不如仁者

《論語》上說：成就事業，雖有一幫至親骨肉，還不如有一幫德才兼備的人士。

《荀子》上說：周文王並非沒有親戚子弟，並非沒有近幸寵臣，但他從普通百姓中選拔一個姜太公，委以國事。

文王與姜尚既不同姓，又不相識，而且姜尚已是七十二歲的老人，更無多少魅力，文王為什麼要重用他呢？就因為文王想建立大功業，樹立好名聲，把天下統治得好的緣故。

有一句俗話說：「上陣還需父子兵，自家人維護自家人。」不能說這話沒有道理。因爲親友間的感情的確是一種很大的力量。特別是在一些小的事情、小型經營上，例如：做點小生意、解決些具體問題等，有親友這種感情，就很方便也很有成效。

但是，若要做大事業，光靠父子兵是不行的。因爲，成就大事業，私人情感的力量是很有限的。相反，在私人情感以外，別的很多方面更爲重要。例如：一個人的水平、經驗、才幹、地位、事業心等等的作用就大大超過了他是否與你有私人感情。歷史上，堯有十個兒子，但他不把王位傳給其中任何一個而傳給了舜，因爲舜德高望重，堪當此任。舜有九個兒子，他不把王位傳給其中任何一個而傳給了禹，因爲禹治水有功，對國家和人民做出了很大貢獻。周文王發現並重用一個七十二歲的老頭子，依靠他滅殷興周，以至周武王在祭泰山的祝辭中，還念念不忘「雖有周親（周親即至親），不如仁人」，可見以德才取人是多麼重要！

在現代社會，這樣做的意義就更加突出。世界上許多大公司、大企業，擁有者都不把它們交給自己的子女，而是用高薪聘請專門人才去領導、去管理。甚至還有的國家專門立法，大公司負責人職位不能由子女繼承。這是爲什麼呢？因爲現代化管理是一門專門學問，它需要熟悉技術、注重人際關係、善於搜集和利用信息、懂得科學經營……這裡對人的素質要求很高，所以只有通過在實際中競爭和考評，擇優錄用，才能保證經營得好，立於不敗之地。

見賢思齊

孔子說：看見賢人，便應該向他看齊；看見不賢的人，便應該自己反省，有沒有與他類似的毛病。

荀子說：看見別人的優點，必定要努力學習把它變成自己的；看見別人的缺點，必定要態度嚴肅地反省自己是否有相同的過失。

中國最英明的皇帝唐太宗說：「以銅爲鑑，可以正衣冠，以人爲鑑，可以明得失。」孔子的上段話，就是要求人們「以人爲鑑」。

不過，以人爲鏡子來照自己，不是那麼簡單的事。明人沈無回說：「要在未在之先，無時不在那裡搜索，所以一照便有所收獲。」不然，世上睜眼便是人，能夠「以人爲鑒」的又有幾個呢?這就是說：沒有向善、向上的迫切願望，你就不可能通過認識別人而警勵自己。同時，還要有正確的態度：如果見了值得欽佩的人，不是嫉妒，就是白白羡慕，沒有行動，甚至自暴自棄，認爲自己總是不行的；見了可惡的人，不善於反省自身，而只是以評判官的態度表示自己的輕蔑與譏彈，這樣又怎能以別人作自己的鏡子呢？而且，以人爲鏡包括古人，所以還必須學習歷史，知道古人成功與失敗的經驗與教訓。

需要特別指出的是，「見賢思齊，見不賢而內自省」，在儒家後學那裡，常常有很嚴的要求和很高的標準。《說苑．雜言》篇記載：南瑕子遇到程大子，程大子烹小魚招待他。南瑕子說：「我聽說君子愛惜生態資源，不吃小魚。」程大子說：「那是君子的事，與你什麼相干？」南瑕子回答：「人與超過自己的人相比，用高標準要求，就能提高德行。」《詩經》上說：「高山仰止，景行行止，雖不能至，心嚮往之。」所以我雖不是君子，但卻要事事向君子看齊。在飲食這樣的小事上都不肯自己放鬆，可見是很嚴格的了。見賢思齊，孟子的標準更高。他不止一次要求人們以舜爲楷模，用行爲去趕上他，說：「舜是什麼人？我是什麼人？有志向的人就應該像舜那樣！」又說：「舜是個人，我也是個人，舜創定了人類的社會制度和行爲規範，傳給後世，我卻只像一個鄉巴佬，眞是可憂啊！」憂什麼呢？憂怎樣才能像舜那樣呀！

從現實來講，每個人身邊，滿是各色各樣的人。善於取人之長，補己之短；善於見人之短，自爲鑒戒，這樣的人，不論做什麼，不論地位高低，都是很可觀的！

泛愛衆而親仁

孔子教育他的弟子：應該博愛大衆，而親近有仁德的人。

曾子說：君子要多交朋友，並從中有選擇地加以親近。

孟子說：仁者愛人沒有偏心，但只親近賢者。

愛衆親仁，由孔子提出，後來發展成爲許多儒家大師所注意的一種傳統思想。泛愛是什麼意思呢？有一種解釋說：泛，是漂浮；浮愛，就是像一件東西漂浮在水上，沒有固定的關係和指向，可東可西，沒有私心地愛一切人。這個解釋很生動。但它還沒有揭示儒家泛愛衆的特有含義。這種特殊含義有三點：首先是

「博施於民而濟衆」，即廣泛地給人以好處，廣泛地幫助人。孔子說：「一個人如果能做到這樣，那眞算是超出仁德而進入聖德了！連堯舜恐怕都難以做到！」（這一點是孔子也是整個儒家學說最偉大的地方）；其次是有不忍見人遭遇困難和不幸的惻隱之心。孟子認爲這是一個人爲善的種子（「善端」），對它加以培育，就可以長出仁德和仁政的大樹；三是實行「己所不欲，勿施於人」的恕道，不過分地要求別人，能理解和原諒他人的缺點。孔子把它稱作人應終身奉行的道理。另外附帶說明，按照泛愛題中之意，還應包括墨子所謂「強不執弱，衆不劫寡，富不侮貧，貴不傲賤，詐不欺愚」的內容，儒家對這一樣不夠強調。

泛愛只是基本的要求。在此基礎上，還應更進一步：親仁。《禮記》上說：交了很多朋友，但不選擇有德能的人加以親近，君子是不這樣做的。孔子很重視這一點，他提出，「無友不如己者」，「以友輔仁」，「支其士之仁者」，與正直、誠信、知識廣博的人交友，以多親近賢能的朋友爲快樂，等等。這是一個人修德進業的重要方式。《說苑》記載了這樣一個故事：孔子對宓子賤說：「你把單父地方治理得很好，告訴我，你是怎樣做到的呢？」宓子賤回答說：「敬贍老人，養育孩子，撫恤孤寡無助的人，辦理喪事都很悲哀（按此皆不出泛愛衆的內容）。」孔子說：「這只是小節呀！」宓子賤又說：「這地方賢能超過我的人有五個，我與他們親近，他們教我許多東西。」孔子說：「這才是關鍵，要建立大功業，方法就在這中間。要與賢人親近，使賢人發揮作用。」這個故事，可以說把泛愛衆而親仁的兩層意思表現得十分清楚了。

不以言舉人　不因人廢言

孔子說：

不要光憑一個人說什麼來認識他、推舉他；

也不要因為一個人有缺陷而廢棄他好的思想言論。

「不以言舉人，不因人廢言」，這兩句話的道理，人人都能懂，所以朱熹《論語集注》連一個字的解釋都沒有。但縱覽古今，做到這兩句話，確是很不容易。

三國時的諸葛亮，可以說是很能知人善任的，而且又很熟悉管子的學說。管子說：「言勇者試之以軍，言智者試之以官，所言而不試，故妄言者得用。」但是，諸葛亮在任用馬謖上，卻犯了個大錯誤。馬謖這個人，兵書讀得好，也善於參謀軍機，出過些好計策。雖然他缺乏臨陣作戰的經驗，諸葛亮在守街亭的問題上也有猶豫，但因賞識他的才華，最終還是派他作了主將。馬謖這個人，言過其實，思過其行，諸葛亮因爲他的「言」、「思」之長而錯用了他，致有街亭之失，破壞了整個軍事行動計劃，使初出祁山慘遭敗績。這可以說是歷史上一個很深刻的教訓。

相對說來，不因人廢言更不容易做好。這句話，可以有兩種意思，一是王肅所謂「不可以無德而廢善言」，另一是《淮南子·主術》所說「使言之而是，雖在褐夫芻蕘，猶不可棄」，「不可以貴賤尊卑論」。地位高的人，學問大的人，對於普通人的意見，往往比較輕視，更不用說去採納了。所以，「人微言輕說話難」，成爲古今一大感嘆。

中國人特別重視私人道德，因此以私德取人的傾向也十分嚴重。私德好的人說的話，很少有人去追問究竟是對是錯、是進步是落後。清初顧亭林是典型的例子。他的政治和文化思想，都是與那時的新興思潮相背離的，但因他忠於明室，氣節好，所以至今並未受到多少科學的批評。相反，錢謙益這個人，在思想和文藝上都有許多新鮮的見解，但因他以明朝重臣而降清，表現得很不好看，所以這些見解被埋沒了很久。就是現代，這種因人廢言的例子也不勝枚舉。著名作家周作人，在文學理論批評、散文文體藝術上都有卓越的建樹，但曾附敵失節，所以相當長的時間他的文字都絕了版，直到前兩年，出版他的全集的計劃仍被有關人士所阻。雖然無論從文學上說還是從思想上——尤其他那種簡練而生動的文風——全集的出版都是有益無害的。

所以，從不因人廢言意義上講，重要的是要避免遺憾。因爲，人難萬全是一種遺憾；一個有才華的人失足更是一重遺憾；由此發展，因人廢言就更是一種遺憾了。

不在其位　不謀其政

孔子說：

不在那個職位上，就不要去管那個職位上的人應做的事。君子各專一職，兢兢業業做好自己崗位上的工作。

行政分工，各專其職，是一條最基本的政治制度。如果自己手裡的事沒做好，卻去爲別人的事操心，說長道短，越職任事，這樣既把分工搞亂，又會製造出無窮無盡的人事矛盾。所以古代政治思想家都主張各主其事，反對越局濫職。孔子說：「不在其位，不謀其政。」《易傳》說：「君子謀劃事情不越出他的職位。」莊子又講：「廚子雖不下廚，主管上香祭神的人也不跑到肉案邊去代他烹調。」韓非子更強調嚴懲那些侵官越職管閒事的人。他講了這樣一個故事：韓昭侯有一次喝醉了酒，伏在几案上睡著了，專門爲他管理帽子的人怕他受寒，就在他身上披了件衣服。韓昭侯一覺醒來，看見身上加了衣服，很高興，問旁邊的人：「誰給我加的衣服？」旁邊的人回答說：「管帽子的。」韓昭侯於是下令把管衣服的與管帽子的一同治罪！韓非子認爲：「辦事不力的應該受罰，越職管事的應該處死。」法家強調政治權術的絕對地位，因此這是一個極端的例子。

當然問題還有另一個方面，所以「不在其位，不謀其政」只應限制在行政分工的範圍內。俗話說：「天下興亡，匹夫有責。」國家大事，關係到每個公民的切身利益，每個人都有權關心、議論、監督。康有爲《論語注》把這兩方面都說得十分清楚：所謂不在其位，不謀其政，就是：「司法者不問行政，行政者不得問立法，任兵農者不謀禮樂，司禮樂者不同錢穀……等等；至於議論政事，那是應該的。因爲國家是民衆的國家，所以老百姓作詩來諷諫，或者在公共場合集會批評，這些都爲古代聖賢所提倡。

齊魯長勺之戰，曹劌以一介鄉民入朝拜見魯莊公，出主意打敗了齊軍；而晉獻公時，市民祖朝批駁了「內食者已慮之矣，藿食者尙何與焉」的論點，進說晉獻公，出謀劃策，做出了貢獻。《左傳・僖公三十二年》記載：秦軍因有杞子爲內應，出兵攻打鄭國。鄭國商人弘高遠東西往周國去賣，路上，正遇秦軍，他一面派人回去報信，一面準備了四張熟牛皮，十二頭牛，送去「犒勞」秦軍，說：「我們的國君聽說貴軍到我們那裡去有事，已準備好了，先叫我來行慰勞之禮。」秦軍聽到鄭國已有準備，只得掉頭回師。這些，都是天下興亡，匹夫盡責的典型例子。

所以，不在其位，不謀其政，是有特定的範圍的，不能越出它本身的範圍加以濫用。

仁

「仁」是孔子思想的核心。

《論語》中，「仁」出現達九十六次之多。

它的意義十分豐富，我們這裡只講最基本的幾點。

仁的根本意義是「愛人」

《論語·顏淵》篇，樊遲問：「怎樣才是仁呢？」孔子回答：「愛人。」

《荀子》和《禮記》中，也都記有孔子「仁者愛人」、「仁者莫大於愛人」一類的話。「愛」是個極簡單的字，但什麼是愛？

·愛是對對象的一種肯定，對象如果沒有值得肯定的優點那是沒法兒愛的。

·愛是對對象的同情，同情就是與對象相通為一，因而愛是與人相通以至把群體聯結為一的根基。

·愛是對對象的親近與尊重的統一，肯定和同情對象，也必然帶來親近和尊重對象的要求。

·愛是一種最真摯的心境：唯愛心難以為偽。

仁，就是支撐在愛的這四根大柱上的。

仁愛緣於傳宗接代的血親關係

人之愛人，是從愛自己的親人開始的，只有主觀上愛自己的父母、妻子、兒女的人，才可能愛天下的老人、婦女和兒童。所以孔子說：敬奉父母，愛護妻兒兄妹，是仁愛的根本呀！後來孟子提出「仁政」，就是建立在這種愛之上的。中國社會體制上的宗法制，也是以此爲基礎建立起來的。後世統治者在此基礎上吸收法家統治術，把以仁愛爲本的宗法制（孔子的「德政」，孟子的「仁政」），變成苛酷的宗法專制，責任不在孔孟。

仁就是對人寬和、敬重

仲弓向孔子問仁，孔子說：與人相處好像接待貴賓，要老百姓作事好像舉行祭典，像這樣莊敬虔誠就是仁；自己需要的，知道別人也需要，自己不喜歡的，就不要強加於人，像這樣理解人、寬待人，就是仁。因此，仁是不與人起衝突、作鬥爭，也不任性縱欲。它是一種和諧靜穆的情感，所以說「仁者靜」，「仁者不憂」。

仁還需普施德惠，給老百姓（衆人）帶來好處

仁的最高境界，是使天下都能受仁愛的沾溉。這是由一己之仁達到天下歸仁。有一次，子路對孔子說：齊桓公（公子小白）殺了他的哥哥公子糾，公子糾的兩個師傅，召忽自殺殉主，而管仲卻活著，並且做了桓公的宰相，像管仲這樣，恐怕不能算仁吧！孔子說：齊桓公每次主持諸侯的盟會，減少了戰爭，使老百姓安居樂業，都是管仲的力量，這就是管仲的仁德，是最偉大的仁德呀！

仁還需「禮」做保證

孔子說：「克己復禮爲仁」。人有慾，又容易隨便放縱，這樣就難免顧己不顧人，難免變對人施愛爲與人爭奪，這樣，天下就亂了，仁也就無法存在。禮就是要對人有所規範，在規範中保證仁的實現。例如：父慈子孝、兄友弟恭，這些家庭關係的禮節，是爲了一家人和融相處。又如，對朋友誠信不欺，與人相交禮敬爲先，這些人際關係的禮節，是爲了在社會上與人和融相處。即如最受指責的「君君、臣臣、父父、子子」，它固然有維護固定的社會等級秩序的保守一面，但同時，君要像個君，臣要像個臣，父要像個父，子要像個子，人人都以守禮盡責爲己任，而不胡非作爲，難道不也是整個社會和融相處的保證嗎？

孔子還說：「仁者先難而後獲」（做好自己的工作，再談報酬，這是「不爭」的保障），「剛毅木訥，近仁」（巧言令色，鮮矣仁。要做到仁，必須戒除尖巧、利嘴、好裝扮好出風頭），這些本書都有專論，此處不贅。

禮

人與人之間要相互尊重，古今皆然；
而「尊重」最依賴眞情，
人活一世，像黃金般珍貴的眞情，能有多少呢？

「禮」是孔子講得最多的一個字。

《論語》中講「禮」的話一共有七十二句。這個字涵義很廣泛，從國家的政治體制、社會秩序，到個人的日常生活，無所不包。其中許多東西，現在已經過時了；但中間也還有些並未過時，仍然有其意義存在。

關於禮，這裡講三點：

「恭」與「敬」的功能

人與人之間要互相尊重，這是古今中外皆然的。尊重當然最依賴眞情，但人生在世一輩子，眞情就像黃金一樣珍貴，能有多少呢？可是人卻無時無刻不與人相處，所以相互之間的形式上的尊重是必要的。例如青年男女初次約會，穿著隨隨便便好呢，還是著意打扮一下好呢？太隨便，說明你對這次約會是不重視的，連帶地，你對對方也就尊重不夠了。在日常生活中，我們訪友、見客、出席公共活動場所，需要打扮一下，這不僅是美化自己的問題，同時也是自重和尊重別人。更不用說對人客氣，言行恭端這一更重要的內容了。孔子常把恭與敬同禮聯繫起來，是很有道理的。

「愛」與「樂」的功能

孔子認為，禮是人的本性要求的一部分，這也即是愛（或仁）。比如孝敬父母、親近兄姊。父兄之間，本是血肉相連，孝與親有深厚的自然感情作基礎，夫妻之間互相尊重，也是和愛一體相聯的。禮要求我們做的，正是我們本身要做的。所以不能把禮僅僅看作為一種形式。孔子還常常把禮、樂放在一起講。禮之樂最突出地體現在典禮活動中。成親、祝壽、或者公共慶典，司儀宣布的條條儀式，就是「禮」，儀式進行的過程，就是給人帶來快樂的過程。一個農民，辛苦了一輩子，到了六十、七十、八十歲時，高坐中堂，在樂器聲中，接受直系、旁系兒孫的叩拜、祝福（所謂行八大禮），恐怕是他體驗人生美好的一種高潮形式。各種各樣的慶典活動的意義，是不能抹煞的。所以慶典活動中多少都有一點鋪張，只是不應鋪張過度。孔子主張禮寧儉勿奢，寧簡勿繁，是針對鋪張過度說的，不是針對必要的鋪張說的。他讚揚周禮「郁郁乎文哉」，認爲禮應該——盛大完備。

「約」與「節」的功能

孔子很重視禮對人的約束、節制作用。這當中問題最大，但也不是沒有道理的。比如人分等級，各安其分，君「爲國以禮」；「使臣以禮」，臣「事君以禮」，推而至於一切上下關係，其作用就應辯證地看：都不安分，就會天下大亂；但沒有變動，社會也如死水一潭。

再如人與人相處，親近和隨和雖是極好的，但也不能完全沒有了界限。即使夫妻、情人間亦是，完全沒有界限，就是否認對方的個性存在，否認對方的個性存在，必然會破壞彼此的親近。所以孔子說，一味地「和」，「不以禮節之，亦不可行之」。孔子還特別指出：勇敢的人、直脾氣的人、豪情易放的人、狂人等，尤其需要注意節之以禮。「約」與「節」是在肯定人的自然要求和眞實性情的基礎上進行的，不然也就不叫「約」與「節」了（如：「節食」、「節慾」、「節育」等等）。所以，從理論上說，不能把「約」與「節」看作是根本上反人性的。

中庸

孔子說：中庸這種道德，是最高境界的。

爲人處世，不要過分，也不要不及，過分與不及，都是偏離目標，不能持中的。

中庸，在孔子和整個儒家學派裡，是很艱深的學問，亦是很高深的修養。因爲它表示爲人做事，無過無不及，恰到好處。這好比射箭，不高不低，不左不右，恰在中心。這是很不容易的。但做到這一步，還只是達到了一個「中」字；要把這種恰到好處在日常生活事務中體現出來，使恰到好處和經常、平常合而爲一，或者平常、日常的時時事事無不是恰到好處，這才算是眞正完全實現了中庸。

經此一說，我們大體說出了中庸的意思了。或者我們回到字面上來，中者，中也；庸者，常也，中庸合而爲一，既體現爲做人行事的一種外在尺度，又體現爲立身作人的一種內在修養，對社會與人生它又呈現爲一種境界，一種哲學。所以中庸這種品質，至平常而又至超妙，幾乎難以企及。就拿吃飯這樣簡單的事來說，餐餐恰到好處，不因飯菜不好而餓肚子，也不因飯菜特好而吃得脹脹的，幾十年、一輩子都能這樣，就很難做到。《禮記·中庸》說：國家天下可使達到人人均平富裕（智與能），高官厚祿可以斷然辭讓（仁），鋒利的刀刃可以毅然相向（勇），智仁勇俱全，但要做到中庸，還是「不可能」。中庸是儒家心目中的妙境，是藝術，是至高至美的理想！是需要人時時警醒、不懈努力去追求的。

不過在實際中，信奉中庸思想的人卻經常落下問題。他們把中庸看作折中、調和、一般、無英特之處，不痛不癢。這樣一來，中庸就成了一種模棱兩可、圓滑平庸的處世哲學。比如，雙方發生爭執，不分是非，兩方各打一把摸一把，兩面都不得罪，兩面討好，在折中含糊中一點責任都不負。又比如，居職辦事，八面玲瓏，按常規完事大吉，整天盡在人事關係、教條成規圈子裡打轉，不思進取，無所建樹，甚至做一天和尙撞一天鐘，使人覺得他無可稱道，但卻也無可指責，就像老百姓所說的，「做官不做事」……這種種色色，都是中庸的劣子，與孔子所說的中庸是完全不一樣的。孔子當年大概正是看到眞正的中庸高妙難及，而冒充的中庸遍地肆行，所以寧肯捨棄假中庸，而親近眞狂狷。他堅決地說：得不到言行合乎中庸的人和他交朋友，乾脆與激進孤高的人交朋友吧！激進的人一意向前，孤高的人不肯做壞事，這不是比那些圓滑平庸的傢伙強多了嗎！

中國人的性情裡都存一個「中」字，但究竟是上述哪一種「中」呢？這是不可不明確分辨的！

直

直之見其珍貴，在於……

正確地處理「隱」和「發」的關係，該隱的隱，該發的發，無偏無差。

「直」也是孔子愛講的一個字。

《論語》中共出現了二十次。像在現實生活中一樣，孔子的「直」也包括兩個方面，即正直與率直。

直，本意是一點彎曲都沒有，引申為是怎樣就怎樣。它包含人的自然脾性和人格品德兩方面。

在自然脾性方面，直就是心裡怎樣想就怎樣說，或心裡怎樣想就怎樣做。這樣的人，處處可以現出眞性，沒有城府，不善陰謀算計人，一汪清水，瑩透見底，有可愛的一面。但是，它也有兩種弱點：一是從內在修養上講，難免膚淺；二是從外向交往上講，容易傷人（這兩方面例子都不少）。那麼孔子說：「直而無禮則絞」，「好直不好學，其蔽也絞」。兩個「直」字都是指學習修養、禮樂教化之前的自然脾性，兩個「絞」字，都是刺傷人的意思。所以，自然脾性方面的直是「率直」，「直」是好的，但「率」卻不好，粗率的直，對己對人都會帶來傷害。

正因爲如此，孔子所主張的「直」，是經過人格培養、合乎道理的一種品德，這就是：「正直」，合乎正道的直。孔子高度肯定這種直，說：「人的生存由於正直，不正直的人也可以生存，那是他僥倖地免於禍害。」「質直好義，是做人已到通達境界的表現。」「應該把正直的人提拔出來，放在邪曲的人之上，這樣老百姓才會安定。」孔子認爲衛國大夫子魚可算是直的典型。當時，奸人彌子瑕爲衛靈公所重用，子魚多次諍諫；臨死前，叫兒子不要在正室裡辦喪事，以此爲「屍諫」，希望衛靈公斥退彌子瑕而任用蘧伯玉。這樣爲道義而敢於發表和堅持自己的觀點，是最難得的。另外，按原則辦事，不循私情，不私相請託等等，也是這種正直品格的表現。

有一個特殊的例子：父親偷了羊，兒子跑去告發，孔子認爲是不對的。他說：父爲子隱，子爲父隱，才是直。從人之常情說，這可以理解。但這實在已不是直了，這樣過分地把「隱」（按一定的道德要求）同「直」接合，也是容易出問題的。所以，直永遠是人所嚮往的一種品質，而以一定的道義爲原則，正確地處理「隱」和「發」的關係，該隱的隱，該發的發，無偏無差，那樣的直就更見其珍貴。

恭寬信敏惠

孔子說：要做個仁者，就要具備以下五種品德：恭敬、寬厚、誠信、敏捷、慈惠。

恭敬不易遭受侮辱，寬厚就會得到大衆擁護，誠信才好被人重用，敏捷工作效率才高，慈惠才眞正可以領導人。

「仁」，是我國古今都常講的一個字。但什麼是仁，卻很不容易講清楚。簡單說，「仁者人也」，仁就是人性，就是人之爲人的那些東西。這些東西主要有五個方面。做到了這五個方面，那人就像人了。所以孔子總是把仁與君子聯繫起來，說：只有君子才能做到仁；君子不仁，靠什麼立身揚名呢？

恭

恭，也就是人要有人樣，要有人的儀表風度。

它的反面是嬉和褻。一個人，衣服整潔，該看的看，該說的說，與人打交道、辦事情，嚴肅認眞，對人有禮貌，不苟且，不嬉狎，這樣，別人就不會來調戲欺辱你。相反，歪帽靸鞋，赤膊袒胸，說話高一句低一句，漫不經心，隨便動手動腳，任意取笑戲弄人，常常會自取其辱，被人瞧不起。孔子說：恭近禮。在現代生活中，人的日常生活隨便多了，但「恭」仍是人必須的品德。我們會朋友、談生意、出門辦事，甚至上一趟街，都要打扮一下，照照鏡子，爲什麼，這是自己起碼的面子，也是對人起碼的尊重。講面子而尊重人，就是恭。

寬

人之爲人的一個重要方面，就是有同情心、能體諒人。

往小處說，不苛責於人，能理解人類合乎情理的缺點，不記小過，有胸懷有氣度；往大處說，老吾老以及人之老，幼吾幼以及人之幼，能推己及人，承認別人有與自己同樣的生活欲求、生活權力，進而尊重別人的生活和人身自由，不干涉他人私生活，給別人留出必要的生活空間。

信

就是重然諾，說到做到，肯於負責。上午說的話，下午就忘了；早晨宣布的政策，晚上就不算數；今天交的朋友，明天就瞧不起，直至亂表態，瞎吹牛，存心哄騙人，利用別人的信任，玩弄人家的感情，都不是眞正屬於人的品質。

敏

前人解釋「敏」，說：「應事疾，則成功多。」就是對於事情反應靈敏，行動迅速，講求效率。不遲鈍，不拖拉，不懶散，今日事今日畢，生活幹練，作風果斷。

惠

即對人有愛心，有溫柔的胸懷，悲天憫人，愛護弱者，珍惜一切美好的東西，與人相處，或爲官居職，有恩情，有恩惠。

孔子說：仁者愛人。因此，惠可以說是人性中最基本最人性的一個項目。所以，我們常把恩和德相聯構成一詞。前人解釋，「德」就是「得」，得人性爲德，而有恩有惠，即爲得人性——這樣，惠與德即人性。

反經從權

孔子說：

有向學之志的人，未必能取得某種成就；

取得某種成就的人，未必做每件事都合乎原則；

做每件事都合乎原則的人，未必懂得根據實際情況靈活變通。

孔子有一個思想，是最不容易掌握、運用好的，這就是「反經從權」。經，前人解釋爲一定的禮法，也就是原則；權，就是秤砣，引申爲稱量，也就是權衡輕重。

在很多時候，我們不得不放棄原則，或者違背原則，採取一些變通措施，來實現正義的目標。依法而行，照章辦事，只要有點能力就行，沒有什麼困難的，但在章法夠不著達不到的地方，把事情辦好，就不那麼容易了。所以王弼說：權是「道」的變化，這種變化十分神妙，沒有一定的規範，因而不可預設，運用之妙，存乎一心。《淮南子》則說：權是聖人之所獨見！

最困難的，還是在於「反經」，「反」，可不是個小事，何況又是反「經」，這要有能立於不敗之地的操守，有能從根本上權衡輕重得失的大智慧，有不顧個人得失敢冒天下大不韙的勇氣。《公羊傳》記載：祭仲爲鄭國宰相，魯桓公十一年，他到留國去吊喪，途經宋國，宋國把他拘留起來，要他廢掉忽而立突爲魯君，他答應了。這是出賣國君的大事，他爲什麼答應呢？

·他不答應，不僅魯君保不住，連魯國也保不住，君輕國重，權衡輕重，不得不答應。

·自己沒有私心私念，不是受人迫脅貪生怕死，所以敢於承擔廢除國君的罪責來保存國家社稷。

這兩條很關鍵，所以《公羊傳》把它作為反經從權的一個典範事例加以引述。就是今天，這個例子也很有意義。相反，像孟子所謂「嫂溺而援之以手」這種違反「男女授受不親」的權變，雖然當時多麼慎重地當一件事情說，而現在看來，倒像小孩子玩家家酒似的了。

權衡、權變之權，也是權術、權謀之權，但中間卻有根本差別。這就是：前者是建立在大公無私、德弘信篤的基礎上的，而後者則恰恰相反。所以古人說：只有響噹噹地「立得住」的人，才可以「從權」。

行權有道——

自貶損以行權，不害人以行權；

殺人以自生，亡人以自存；

君子不為也。

敬鬼神而遠之

樊遲問怎樣才算是智者？

孔子說：只管人事所宜，對鬼神則敬而遠之，就可以算是智者。

子路問如何事奉鬼神？

孔子說：把人事奉好就不錯了，哪還能去事奉鬼！

英國李約瑟博士在《四海之內》一書中說：「儒家所關心的是人類社會，而且只是人類社會。」其實，古人愚昧，難免迷信鬼神，迷信鬼神，也就很容易盡很大的力量用事奉鬼神。中國殷商時代，就曾出現「率民以事神，先鬼而後禮」（《禮記·表記》）的情況。中國之所以沒有像印度那樣，尊神事鬼，發展出嚴密的宗教，與孔子是有很大關係的。康有為說：孔子不主張以鬼神為「教」，但對鬼神本身，卻也不予否定。這有幾個方面的原因：

·從認識論上說，鬼神這東西，說有說無，都無法取得憑證。

·從社會功用上說，完全否定鬼神，一般人就容易無所忌憚，所以不妨讓它存在，使人們有所害怕。

·從心理價值上說，完全否定鬼神，人沒有了前生後世，赤裸裸的就是今生幾十年，親人一死，一切也都不復存在，這也容易使情感失卻依據。

於是，孔子採取一個在他那個時代來說十分高明的辦法——對鬼神敬而遠之。

最高明的還在於——他要人們遠神親人，存鬼不論，專注人事。對個人來說，就是要正道直行，發奮盡力，而不能愚昧地乞求鬼神恩惠。

有一次他自己得了重病，子路請求爲他向神祈禱。孔子回答說：「有用嗎？」子路說：「有用。」孔子說：「我早就『祈禱』過了。」他所謂「祈禱」，就是一生行事。他自認一生行事都是可以昭告神明、問心無愧的，所以不用再作那種乞求恩惠的乞討。對社會政治來說，遠神親人，專注人事，就是要統治者賢明、公正、勤謹，政策寬仁，使民有道。不然，像殷紂王那樣，荒淫殘暴，一方面乞求神靈護祐，一方面打著鬼神的幌子唬人，又有什麼用呢？

人生六大步

孔子說：

我十五歲立志向學，三十歲能堅定地立於所學，四十歲對各種各樣的事情都不再迷惑，五十歲懂得了什麼是天命，六十歲對於聽到的一切都能明瞭它們各由天命，因而不再感到與自己心意相違逆，七十歲心性與大道合一，因而隨心所欲也不會越出規矩了。

這段話裡孔子說自己志學進德的次序，非常有名。人的一生，最基礎、最根本的是立志。志，就好比是一顆種子，有了種子，才有根苗花果，才能成材大樹。立志，還要看立什麼志。孔子「十有五而志於學」，這個學，不是一般的學問，而是人生社會的根本道理，也就是仁、禮、天命等等。這不是雕蟲小技，而是一輩子的事業。孔子的立志，起始就不凡，所以康有爲說是「如旭日初出，已自皎然大明。其後之進，不過升自中天，濛氣漸解，而光耀更照耳。」

「三十而立，四十而不惑」。立，就是學有所成，準確地說，就是弄通了所學的東西，由知而信，有了堅定的信念。孔子的信念是禮與仁。立，就是立於禮，依於仁。不合禮制、不合仁道的東西，孔子是堅決抵制的。他能不爲其他各種各樣的事情和道理所迷惑。立和不惑，這兩點直接相聯。立於所學，才有標準；有了標準，就能不惑；不惑，才能堅定地去實行，這樣人生才充實、有意義。不然，越學越覺得人生矛盾重重，自己喪失信念，就會覺得世事如浮雲，人生一片空虛。所以康有爲說：「立者大力凝固，鑄煉如鐵而不搖；不惑者，大明終始，燭照如日而不眩。」

孔子「五十而知天命」。要眞正不惑，不僅要立，而且還要進一步知天命。任何理論，任何偉人，可以從自己的角度去對待矛盾，但卻不能否定人生矛盾。合理的東西不能實行，實行的東西盡有不合理；爲善得惡報，爲惡得善終；好人受屈，奸人得志……這些矛盾常使人迷惑不解。其實，事物各有自身的規律，決非任何一己的願望所能改變，自己作爲存在之一，也有自身的使命，就是眞正認識這一點。認識了這一點，才能不惑，才能立。所以知天命是由立與不惑發展起來的一種人生的高境界，同時卻又反過來爲立與不惑提供眞正堅牢的保證。不知天命的人，是很難始終不惑，很難眞正立住的。

「六十而耳順」的「耳順」兩個字很難講。可以把它和知天命聯繫起來，因爲知道萬物自有規律，所以儘管無奇不有，但既有就不奇了，這樣就沒有什麼不能接受的。能接受，就祛除了不必要的心理刺激，就能夠順應客觀規律、通達從容了。也可以把它同「從心所欲不逾矩」聯繫起來。任何事物到了心裡都能立刻理解，能夠「不思而得」作出正確反應。從心所欲不逾矩，是心性與天道的合一，心性所爲，即天道所爲，也就無所謂規矩不規矩了，提出規矩兩字，不過是借規矩而言無需規矩罷了。

對於一般人的智慧造詣來說，到知天命也就夠了。楊樹達說：「孔子六十聖通，七十則由聖入神矣。」既是神、聖之人和神、聖之事，一般人也就無法摻合了。

作君子儒　不作小人儒

孔子對子夏說：

你要做個君子式的儒者，不要做小人式的儒者。

儒，本是一種術士的名稱（《說文解字》）。起先大概是專爲王室服務的，從事如掌管文書、主持司儀等一類的工作。後來社會變化，有些儒無法在王室混飯吃，就流落民間，利用他們有一定文化和熟悉各種禮儀的特長，靠替人家主辦婚喪壽慶一類事情謀生。孔子年少時，就是一個這樣的儒。但是，他勤奮好學，總結前代文化典藉，創立了一種學說，並且努力把這種學說用來改造社會。在社會中推行自己的學說沒有成功，他轉而專門從事教育。這樣，儒的意義因孔子而發生了變化：它用來專指信奉孔子學說的人（儒家），和那些傳授文化知識的人（師儒、讀書人）。

術士之儒、儒家之儒、師儒之儒這三個概念對理解「君子儒」與小人儒是重要的。因爲儒本身是從術士之儒發展到儒家之儒又到師儒之儒，這一過程帶來一些根本的影響。以儒爲「職業」（飯碗）混飯吃，或依傍經典無所建樹，或拉大旗作虎皮充當衛道士，這些都是術士之儒和章句師儒的遺習，是小人儒。只有那些以探求、推行大道，或發蒙起愚、傳道受業爲己任的人，才是眞正的君子儒。

不過，前人對君子儒和小人儒具體性質和涵義，還有多種不同理解：

其中一種認爲——君子儒、小人儒是道德概念，是好壞雅俗的區分。孔安國說：「君子爲儒，將以明道；小人爲儒，則矜其名。」謝良佐說：「君子小人之分，義與利之間而已。然所謂利者，它名殖貨財之謂?以和滅公，適己自便，凡可以害天理者皆利也。子夏文學雖有餘，然意其遠者大者昧焉，故夫子語之以此。」這是以爲公還是爲私、爲道義還是爲名利作爲區分君子儒與小人儒的標準。

第二種則認爲，君子儒、小人儒不是道德概念，而是胸襟學問廣狹深淺的概念。劉寶楠明確地反對孔安國，說：「君子、小人以廣狹異，不以邪正分。」「君子儒，能識大而可大受；小人儒，則但務卑近而已。」因而，「小人儒，不必是矜名，孔注誤也。」明人王龍溪說：「凡依傍樣子者，畢竟不是大人。」這是從志向、學問的高低上來區分君子儒和小人儒。

第三種別出蹊徑，從向內努力（性情陶冶、人格修養）還是向外努力（事功名利）上來區分。朱熹說：「君子儒爲己，小人儒爲人」，這裡的「爲己」、「爲人」，就是「古之學者爲己，今之學者爲人」的「爲己」、「爲人」。爲己，就是充實自己，自己受用。如我們學習科學或藝術，發生興趣，以從事科學或藝術作爲自己的存在方式；爲人，就是學了即需表現出來，讓人家承認，帶來實際功利。如學習科學或藝術，本身並無價值，價值在於它提高我們的社會地位和工作能力。這一點比較複雜，並不是簡單可以用邪正雅俗來區分的。因爲「爲人」可以雅──事業的，獻身精神，可以俗──爲名爲利。也不是可以簡單地用廣狹深淺來區分的，因爲「爲己」可以廣──堅韌地探求自然和人生的科學規律，揭示其眞相，也可以狹──成爲一己的心性修養，甚至成爲逃避社會責任的高級的玩物喪志。

不為鄉愿

孔子說：無是非無氣骨的好好先生，是足以敗壞道德的小人。這種人無可指責，貌似不錯，就像稗草危害稻子、紫色混亂朱紅一樣，最能危害人道。

孔孟都最厭惡一種人，就是所謂「鄉愿」。這是一種什麼人呢？簡單說，就是那種完全認同現實、最善於在現實世界裡生活、為村俗之人所嚮往的人。孟子說：這種人生在一定社會，就絕對按那個社會的標準行事，認為一切皆好，因而努力去討好那個社會。正因為這樣完全同乎流俗，甚至合於污世，所以你站在現實裡去看他，發現他也是一切皆好，一些缺點都沒有，無可批評，無可非難，說話做事都很規矩，眞是個大好人！這種人是無見識、無特操的鄉村（鄉村即社會）中人的榜樣，他們最願意成為這樣的人。「鄉愿」一名也就由此而來（孟子釋鄉愿：「一鄉所皆稱愿之人焉。」朱熹釋鄉愿：「鄉人之愿者也。」）

一個人知道不能忍人所不能忍，爲人所不能爲，立大志向，建大功業，成就非常人格，寧可像李白那樣狂放（天子呼來不上船），像陶淵明那樣清高（不爲五斗米折腰），成爲孔子說的「狂狷」、孟子所說的「大丈夫」，總之是英特出群、有所偏至。「偏」固是一失，但「至」卻很難得。而且，這樣的人，有眞氣，有個性，雖然缺點不小，但也很可愛。

若打比方，鄉愿，就像中藥裡的甘草、萬金油，處處用得著，但也無大益。做人做出甘草味，鬧不了什麼大亂子，但也不能指望他有多少建樹。《史記》寫石奮的幼子石慶，當了九年丞相，未給皇帝提過一條意見；做了幾十年的官，死後老百姓不記得他有哪一件事值得稱道，只有一項，就是城府深，爲人審謹。這樣的人，之所以能如鄉人之願、使俗人嚮往，實在只是他們善於圓滑自處，一世立身，會經營和守住自己的那點利益，使之平安無恙。一句話，他們以一種人格，給自己造了一個很現實生活的保險櫃，可以把自己的一切保護得好好的。

這樣審謹地謀劃一己持身自處的人，你能指望他有什麼大理想、做什麼大事業呢？甚至，你連指望他過一種轟轟烈烈或有聲有色的生活都不行。尤其，這種人貌似忠厚廉潔，最容易與儒家所要求的一些品德相混淆，以假亂眞，損壞眞儒名譽，所以，深爲孔孟所厭惡！事實說明孔孟這種厭惡是有道理的，因爲後來許多儒生，一個個眞的成了無特識、無英氣、無高情遠想的庸碌之輩！

《易經》妙解

——馬風

孔子與《易經》

夫子之文章，可得而聞也；夫子之言性與天道，不可得而聞也。

——《論語·公冶長》

昔者聖人之作易也，將以順性命之理，是以立天之道曰陰與陽，立地之道曰柔與剛，立人之道曰仁與義。兼三才而兩之，故易六畫而成卦，分陰分陽，迭用剛柔，故易六位而成章。

——《周易·繫辭》

在概括介紹了孔子的人生態度之後，現在我們把《易大傳》介紹給讀者朋友。

《易大傳》即「十翼」的統稱。「十翼」是注釋《易經》的十種文章，包括《彖》（上下）、《象》（上下）、《繫辭》（上下）、《文言》、《序卦》、《說卦》、《雜卦》。因爲「十翼」是解說《易經》的，經是主體，那解說文字就像是翅膀即翼。翅膀搧動，鳥之主體即行動。十種文章解說《易經》，《易經》就透徹可理解，讀者就可運用。所以，孔子這十種文章就叫「十翼」。

爲什麼「十翼」叫《易大傳》呢？

易即易經。大者，爲首的，第一的，最具權威的意思。傳即傳播、闡敘。綜合起來，《易大傳》的意思就是最權威的闡敘《易經》的文字。

《易大傳》是孔子晚年寫成的。孔子自己說，三十而立，四十而不惑，五十而知天命，六十而耳順，七十而從心所欲不逾矩。也許是由於這種人生歷練與經驗的原因，孔子喜歡上了《易經》，並寫出了《易大傳》。也許同樣是由於這種人生經歷的原因，孔子寫成的《易大傳》就特別精彩、深刻，並成爲《易經》的重要組成部分。

因爲《易大傳》是解說《易經》卦爻辭的，體例與文字都比較繁複，有的還是他的弟子們編纂的。因此，今天看來，它們有著明顯的不足，一來某些解說不盡合理，疏離「易辭」原意，其次時代進化幾千年有些觀念當然也明顯過時。但這並不是說《易經》卦爻及其爻辭需要修改。這是不可能的。

《易經》的玄妙也在這裡。簡單地說，它包含著所有學問、學科的最菁華部分，或者說它是所有學科的淵藪，是最神妙的生命哲學與生命科學。

對生命科學與哲學而言，它以卦象象徵人事，以卦辭指示世理。世理無窮，人事亦無限。在這兩個無限之中，《易》指示著人事吉凶成敗的方向與方法。

這方向，這方法，是確定的也是不確定的。因爲大方向中有小方向，大方法中有小方法。輕重主次，爻辭有言，還須用者有心有眼。不可死硬，不可機械。這就是《易經》的特點，也是運用《易經》的特點。

不知這特點，必會身在寶山不識寶。或知其一不知其二，也必如江湖郎中，亂開方，發錯藥，自取其咎。

《〈易經〉妙語》就是依據這種特點，把《易經》中關於人生的哲理，用現代散文詩的語言，並適當結合現實人生演繹出來，獻給讀者。當然，它也只是關於人生的一般道理，它或者可以指點人生，但它決不約束、捆綁人的手腳與思想，同樣是：運用之妙，存乎一心。

另外，爲了方便讀者領悟《〈易經〉妙語》，有兩點仍須向讀者說明：

·《易經》是解說八卦的。

·要懂八卦，必先知得陰爻（--）和陽爻（—），沒有陰陽二爻即無八卦，也就沒有《易經》了。

又陰爻稱「六」，陽爻稱「九」。

知道這些，妙語中偶有涉及，讀者也便知其意思。當然，作者會盡量用現代口語說出《易經》妙處。

六十四卦說人生

坐井而觀天，曰天小者，非天小也，其見者小也。

——韓昌黎《原道》

積善之家，必有餘慶，積不善之家，必有餘殃。

——《周易·文言》

善不積，不足以成名，惡不積，不足以滅身。

——《周易·繫辭》

六十四卦是《易經》的根本內容。

《易經》說天地萬物道理，但首先談論到的是人。人創作了《易經》，創造了六十四卦；人把天地乾坤的道理在其中演練，在其中，人也找到了自己的位置：得失、憂樂、吉凶、成敗……

這一些從天地原初開始，落腳到人事。天地沒有結束的日子，人事也代代無窮的延續。在這之中，最根本的內容是變易，《易經》也因此而得名，而人生最要緊的是生活，因而德才爲先，這是變易之根。

這樣說，我們便找到了看六十四卦的正當眼光。或者說，昨天已結束，今天即已開始，我們在這之中。

人生大舞台

天地的事，就是人生的事。

一生演怎樣，一憑造化，一憑努力。

弄清楚了人的事，天地的事便可迎刃而解。

八卦不交待天地由來，就像今天的人，一生下來，睜開眼就看到現成的天地，不問所以。

因此，六十四卦中，一開始就是乾坤。

乾坤於人，就好像演員，一來到人世，就有現存的舞台。一生演得怎樣，一憑造化，一憑努力。

生命就是圓滿

人生不如意事十之八九。
願意與不願意都靠自己！
代代如此，也必定如此。

天地是人生大舞台，實際上，人來到這舞台時，應有盡有。這應有盡有實際意思就好像大海，漲水也不增加，天旱也不減少。也就是說它不在事實，只在人的感覺。感覺歸感覺，人既不能要求它，也不能改變它，人只能適應，這適應可叫做火燒牛皮自轉彎。轉彎當然也是改變。

總而言之，人生就這樣開始了。現在的就是過去的圓滿，是緊接乾坤之後的屯卦。人生在屯的大圓滿裡創造，也就是在現存的大戲台裡演自己的人生。

人一生有可能豐富，也有可能遺憾太多，當然對於人心而言，可能後一種情況更普遍，所謂人生不如意者十之八九。但不管圓滿或缺憾，對其後輩，他都是大滿貫，後人不可能讓仙逝的前人再做什麼或做全什麼。願意與不願意都靠自己！代代如此，必定如此。

蒙：人之初

所謂蒙卦：

一種生命的狀態、心靈的狀態。

不管圓滿不圓滿，前人留下的一切，大自然給予的一切，人與生俱來地接受。

然而，人生來到世上，赤裸裸，一無所知，這就是蒙卦。蒙是幼稚蒙昧，也可以說是等待開墾的洪荒，或者處女地。蒙卦的意義就在這裡。

它是生命的一種狀態，也是心靈的一種狀態。

最要緊的是吃喝

生命幼稚，靈魂懵懂。

肩不能挑，手不能提，甚至連爬行都不能。生命之初最要緊的是撫養。生根要肥，生嘴要吃。

需卦緊接蒙卦之後，說明生命的需要：要撫育，要教養，這樣幼稚才可以長成，蒙昧才可開化。需卦中指明了養育之道，第一位的是飲食。

物質與精神使人成長，使人生命力擴大，使人能占有。於是，生命力發揮爲占有慾，但想占有不一定就能占有，因爲彼此都想占有，而對於慾望，圓滿的大地總是顯得粥少僧多。於是就發生爭鬥、爭搶、爭吵。

爲錢爭搶，爲地位爭鬥，爲是非爭吵，也爲得到心愛的人競爭。

爭，必爭不下地，就要引進第三者主持公道。這就是訟卦。訟卦表示人進入社會的大系統。

集衆爲師

師就是衆多。

比即親近比附。

爭訟起來，公說公有理，婆說婆有理，各執一辭，便會沒完沒了。

而爲利害而爭，一人勢單力薄，便結成群體；又人之所以爲人，又有氣味相投，即所謂物以類聚也，人以群分。

師卦、比卦的意義就在這裡。

師就是衆多。

比即親近比附。

聚財成事

積蓄空空、錢囊空空、糧囤空空……

則什麼也說不上。

聚衆親比，結夥成黨，必以利益相召喚，相吸引。召喚、吸引，財物總是第一位的。這道理正如需卦說的。

有飲食方能生存，有錢財方能活動，有餘財方能召引更多的人。這樣，積蓄對人生，對群體就有特殊意義。

因爲，沒有積蓄，錢囊空空，糧囤空空，那什麼也說不上了。這是小蓄卦。

履者好鞋好路

積善之家，必有餘慶，積不善之家，必有餘殃。

財物，或者說還應加上權力地位，它們是好東西，但又不完全是好東西。錢財會使人玩物喪志。權力地位也會使人玩人喪德。

實際上，錢財與權位並不是兩種東西，常常合而為一，表現為一種力量。所謂財大氣粗，有權有勢，有恃無恐；所謂有錢能使活人倒地，有權能使死人翻身，有錢能使鬼推磨等等……

如此，能量太大，玩弄了人物，那自己也變得不像人，那災難就不遠了。所以聚財積功，人發達了，就必須加強道德修養，以道德約束自己。有了道德，也便近可全身，遠可利人。

履卦這樣指示人們。履者，鞋也，引伸為禮的約束。正如大地無邊，路只取其中一線，這對信馬由繮是一種節制，一種取捨；對目的是取最近距離，最直的線段。最簡捷明瞭地說就是，穿好鞋，人不受苦；走正道，人生受益。

泰極否來

人是社會的，有精神的。所以，人不能只是做志得意滿的行屍走肉，那麼否泰、貧富、尊卑、窮達，便不僅只是一種事實，更是一種評價。

有好的道德修養，走在人生正道上，人事便可安泰亨通，甚而大吉大利。這也正像上山，約束身心，使德行高尚，人事亨通安泰，到達山頂了，就會有下山的時候。這是一定的。

因爲，人事總有疏漏，人總不可能十全十美，即如：金無足赤，人無完人。智者千慮必有一失。何況，人事者，衆人之事；人世者，衆人之世。世事多則雜，雜則亂，亂則不一，不一則防不勝防，於是樹欲靜而風不止。終於，在心力交瘁之時，在措手不及之際，人就要從順利亨泰的山頭落下來，這也是一定的。

但於泰否，有兩種人事還須說破。

有的人一生順利，無甚造化，也無甚災禍；他活著不動人，他死了別人也不傷心，並很快地人們就忘了他。因爲他活著就像沒活著一樣。這樣的人也能爲世所用，甚至是幾朝元老，這不是因爲他的能力、德行，而是因爲他擅長樹雕菩薩——不靈卻穩。他的有用是由於無用。

這樣的人一生說是泰，實際也是否。因爲他沒有神氣，他像土偶木梗一樣在世上走一遭。

有一種人一生不幸，與好運岔開走，走盡折磨，吃盡苦頭。但他有道德、有才能；他雖不爲世用，卻爲衆人尊敬。他匆匆在世上走一遭，既未轟轟烈烈，立大功名；也未大富大貴，享盡福祿。但他的才德有口皆碑，他的行爲令人景仰。他的才、志、德、行，威武不能屈，貧賤不能移，富貴不能淫，危難之中不變初衷。

這樣的人，即便一生不幸，但他成就了一種崇高的人格，可爲人楷模，他的不幸，又是他的大幸，或者說他的否極就是他的泰極。

因爲，他是有精有神地在人間走一遭。

所以，應當這樣理解否泰人生。

人是社會的，有精神的。那麼否泰，貧富、尊卑、窮達，不僅是一種事實，更是一種評價。

事實，是皮肉的感受，過眼煙雲。

評價，是精神的活力，永存的豐碑。

所以，人不能只做志得意滿的行屍走肉；人活著應當有精神，死了應是豐碑。人生最根本的否泰應該在這裡。

同人大有

泰極否來，周而復始。

實際上人生世事最基本的運轉應是這樣。

只是這周而復始，恢復的已不是當初，只是心境、情緒大抵相同而已。因爲，物是人非，歲月換了年華；或者人非物亦非了，因爲斗轉星移了。

所以，使人生倒楣的否運不會使人永遠否閉不通。

這道理是，山不轉路轉，路不轉人轉，命運有此奇妙，時間也有此奇妙。這裡要說清楚眞不容易，或者越說只會越不清楚，各憑神會罷了。簡而言之：天時、地利、人和使然。

對人，最重要的是人和。

因爲，身處逆境，人想得到有利的天時，但不是想得到便能得到，任你力能舉鼎，才高八斗，望眼欲穿，甚至精誠感天動地，都不成。來了就來了，不來想也想不來。地利也大抵差不多。

只是人和就不同了，全在自己把握。激勵自己，只在一心；團結他人，也只在一心。自己要求自己去做吧，不願也得願，硬著頭皮，理智地去做。同人卦就是如此。

因爲同人，激發自己，團結他人，慢慢地，否運就會改變。所以同人卦實際講的就是人和。有人和，否極泰來，天時、地利可以從無到有。沒有人和，天時地利有也只是形同虛設。

因爲有人和，漸而有天時地利，同時也會漸漸有一切，或者說應該有的都會到來。所以，在六十四卦中，同人卦後面就是大有卦，它們顯示的就是這種人生道理。

謙謙君子

山外青山樓外樓；强中自有强中手。

從泰、否、同人、大有這四卦的聯繫與轉變來看，人生事業有兩條值得注意的：否泰周而復始，是其一；第二，天人合一，當盡人事。

這是人生情景，也是成敗得失規律。明白這兩層，人生進入又一境界。這一境界在人生修養也可稱之爲大有，正如在上面說的大有卦。

所以，人生大有，知人和作用，窮困時知操守，急難中能泰然，該作什麼就作什麼，不因物喜，不以己悲。到這一地步，人生已達到大有成就、大有收穫的地步。

然而，到這一步又有危險。人生修養如滿月，團圓之後就是缺失。或者從變的角度看，圓滿也就是缺失。因爲，它必定缺失。

所以，到大有的人，於才於德都須如履薄冰，不可恃才傲物，不可財大氣粗，不可盛氣凌人，也不可作守財奴。處處容人，處處謙讓，態度行爲須如此。內心還須了解，強中自有強中手，山外青山樓外樓。這樣作，不是無能，不是軟弱，不是窩囊。當然，也可以說是。惟這時的無能，正是有能；這時的軟弱，正是雄強；這樣的窩囊，正是藏而不露的神通。

因爲，人戰勝逆境常常還容易，戰勝自己卻十分艱難。而修養不夠的人，戰勝了環境，同時也讓已得的所有打倒自己。而謙虛、遜讓卻可藉他人壯大自己。

謙卦的作用大略如此，它緊接在大有卦之後，用來約束人、完善人。

豫主快樂

人生有兩樁事需注意：

一是人生不在做什麼，而是在於做成什麼；

二是人生既需關心成敗，又要能自得其樂。

人生的兩樁事需注意，也可以說是兩種觀念吧。一是人生不在做什麼，而在於做成什麼；二是人生既要關心成敗，更要能自得其樂，因爲成敗吉凶得失總會影響人的心情。因成而喜，因敗而悲這是人之常情，而能超脫成敗，如前面所說的，不以物喜，不以己悲，有一份內心的恬靜，這就是智慧的快樂。

因此歸結起來，人生最大的樂事無非一心能製造快樂。這樣，天地人事排列在六十四卦之中，達到大有，大有成就，大有收穫，自然是人生樂事。然而此樂事把握不好，也會成爲悲事。比如：驕傲自滿，比如：

頤指氣使。這樣悲事就來了。避免這惡運的就只有謙虛、遜讓。這樣，大有才是眞正的樂事。

所以，大有經過謙虛終於變成快樂。這就是大有卦——謙卦——豫卦。

豫者，快樂也。

快樂的世界

快樂的情景能感染人。

快樂的生活更能吸引人。

這道理是，人望高，水往低，雀鳥只往亮處飛。

人就是這樣追隨美好，靠近快樂。

從豫卦到隨卦顯示的道理大略如此。

人嚮往歡樂，追隨歡樂，但不一定就能得到歡樂。因爲，人總是帶著過去的心事，現在的艱難去追隨歡樂。這樣，就是一下子跳出了苦海，跳進了安樂窩，也不一定就能快樂。

歡樂是一個世界。

艱難也是一個世界。

追求歡樂，人走出一步容易，甚至走進一個新的世界也很容易，但要改變一個困難的世界，這本就非常困難。因爲，這個新的世界實際是別人的，自己的一切仍停留在過去的種種關係中。世界是關係的世界。

有困難就有心事，也就有難事要做。

蠱卦緊接隨卦而來，說明這一種事體。

蠱是腹中蟲，不去蠱人的病不得好；不改變艱難的人事關係，人哪能進入歡樂的世界？

居高臨下

人事說到底不過是變不好為好，變艱難為輕鬆，事業也就是這回事兒。

歡樂只是表面的。

事業本身才是實在的內容。

人事說到底不過是變不好爲好，變艱難爲輕鬆，事業也就是這回事兒。

看穿了，想透了，話就這樣說了。

因爲簡單就是複雜。

爲什麼說簡單就是複雜。說是簡單，說大道理更是簡單，但明白大道理卻是複雜，卻是艱難，而實在地去做，尤其複雜，尤其艱難。

但由蠱卦顯示出的艱難的人事，人必須去做。切實地去做，明白大道理，曲盡人情，這就居高臨下了。

居高臨下，如從大山上往下推石頭，能不滾滾滔滔。通於人情，順乎道理，拯救自己困厄的命運，如此，事業心豈能不成？

對臨卦說來，做事要能居高臨下，有必成之勢，最要緊的是心理與素質的準備。心理是明於世理人情，素質是經許多人事磨難，能忍苦楚，能負勞累，能做難事，能解疙瘩，能靜處險境。這樣就能居高臨下了。

觀瞻

把一件件具體的瑣事做好，大事業也就跟著做好。

這叫瓜熟蒂落，功到自成。

事情是實在的。

事業也是實在的。

把一件件具體的瑣事做好，大事業也就跟著做好了。這叫瓜熟蒂落，功到自然成。

成就一番大事業的道理就是這樣。

事業成功了，美名也就來了，別人認為值得景仰，值得觀瞻。因而，臨卦緊跟著就是觀卦，大意如此。

但這裡還有一層道理，事業是實的，觀瞻是虛的。也就是說，實的功夫做到了，虛的名聲跟著就來了。虛也是一種實，因為事業只有依靠虛的宣傳、誇讚，才會顯得更加引人注目，甚至更加輝煌。

虛也會使人走向反面，只圖名，只講外表好看，值得觀瞻。

但，正確的說，虛不一定好，也不一定不好；虛必定好，也必定壞。這全在人為。

卦爻的指示總是全面的，判斷與取捨，只在個人。

結合

既悅於目，又動於心，就要有所行動。

功業成就，事業盛大，引人注目，招來結合者。

這是噬嗑（shì hé）卦。

因爲，別人總不能完全只是看看而已。既悅於目，又動於心，就要有所行動。行動，要麼走向你，要麼離開你。

噬嗑卦說明觀卦的出路，也是說明人事成功之後的交友與合作。噬是咬，嗑是合，象徵同人、朋友、同志因事業而走在一起，或因志趣不一，分道揚鑣。

文飾

人交合的特點，是文飾，也可說是修養。

既然是為事業，人就不會隨隨便便結合在一起。即使不是為了事業，人也不是和什麼人都能相交的。

各人有各人的利害、各人的志趣，還有各人的實際情況，這都決定著合分。也就是物以類聚，人以群分。

對人而言，分是事實，合也是事實。然而，人之為人，不合不分更是人際關係的事實。合則心裡想著另一方面事情，心裡明白地分著彼此，話留半句，棋防一著；分別不拉下面皮，依舊相逢開口笑，心裡實只望避之而不及。這就是人交合的特點，是文飾，也可說是修養。

賁卦說的就是這些，指示結合的一種特點，也是做人的一種情況。賁就是文飾的意思。

墜落與再生

人必須做到下列兩方面，以適應社會：

一是順應自然，人隨同天地；

二是隨和文飾，人隨和別人。

文飾是必要的。

天地生人，這是自然的。人與人交往就是社會。人隨同天地，就是順應自然；人隨和別人，就是隨和文飾。人必須做到這兩方面以適應社會。

先說自然。太自然，那就是愚頑。譬如礦石，不治不煉，終是頑石；又如玉石，不琢不成器，修飾則可致完美。所以，人，強調涵養、克制、禮貌。

然而文飾不可太過，太過則虛僞，虛僞則僞裝終有一天要剝落。一是自己剝落，這是眞性大暴露。一是別人剝落，還你本來面目，這對個人就是失敗。

這文飾也就同花兒，半開最美，太開豔了，風吹蝶舞，花瓣就要落下。

文飾在做人做事的過程中就是這樣。到了極點，也就是窮途末路。剝卦大意如此。

但末路不一定不好。好壞互轉，相克相生。花瓣落地，終成泥土，這也叫落葉歸根。只要歸了根，就變成水分、養分被根吸收，那就又可竄上枝頭。在人事，這就是總結經驗，吸取教訓，在哪裡跌倒從哪裡爬起來。爬起來了，就會更穩當。

所以敗落到極點，又會由上返下再向上，因而又落得生機。這就是到了復卦。

復，回復正道，恢復生機。

大約說來，結合，修飾，剝落，再生，這是一種人事情景。它們大抵是虛的。是一種修養的功夫，是一種窮通的轉化。完成了這一過程，人生又進入另一境界。

無妄大蓄

不虛妄——不妄想、不妄為，有此精神，則：

內可修養心性、完善道德；

外可吸引朋友，招徠人才，聚集財富，成就一番大事業。

回復到了正當的路上，就不會再有虛妄之心與虛妄之行了，或者至少要少一些。吃一虧長一智。失誤是最好的老師，捲土重來比初生牛犢更有力量。因為，加進了經驗、智慧，也加進了失敗後的激情。

所以，復卦的特點是不再虛妄。

不虛妄——不妄想、不妄為，有此精神，內可修養心性，完善道德；外可吸引朋友，招徠人才，聚集財富，成就一番大事業。這就到了大蓄卦。

大蓄卦比照小蓄卦，是人經歷了很多世面後的事。這時候，人經過了好運，也經歷了惡運，有所成就，也受過挫折，有壓抑的經驗，也有嚮往的渴求等等。

所以，這時的大蓄卦表示的人，應是有了良好的道德，出色的才幹，豐富的學識，擁有衆多的朋友與大量的財富。

這是人生的又一境界。從小蓄到大蓄，人生上了一個新台階。

頤養

有蓄積才有頤養。

精神智慧的頤養是一種更實在的頤養；

那是指除了能養神氣，更要能頤養體魄。

有蓄積才有頤養。

頤養應該是物質的，首先是休養，第二層才是享受。這兩層本身是相通的，在心裡的看法上卻不同。因爲，人是一桿秤，心是定盤星。

休養裡，人肯定在享受，這完全必要。人在自然與社會裡掙扎已是不容易，因之需要熱情，需要智慧，尤其需要體魄。有所積蓄，也必定有所休養，甚至享受。但一味享受，不再想投入，那就是災禍了，簡而言之，坐吃山空；對他人來說，只要享受、要人供養，就成了他人的負擔。就像背人，背不動了就把被背的丟下來。

所以，休養與享受是相通的。

但頤養還有一層就是精神頤養，智慧頤養。頤養是財富頤養，換句話說，享福要有福享。無錢財時就要自持，這就是人是一桿秤，心是定盤星。智慧頤養，既可悠哉遊哉，也可壯志凌雲。

因而，精神智慧的頤養是一種更實在的頤養，要能養神氣，更要能養體魄。

頤卦緊跟大蓄卦之後，解讀大約如此。

頤就是養，或說頤養，由此推想開去自有利害。

大過就是太過

頤養必有所為，反過來就是為有所作為而養精蓄銳。因為振作的行動必須有充足的頤養。

所謂日入而息，日出而作；養兵千日，用在一朝；磨劍十年，以圖一逞，同此道理。

因為頤養得精神飽滿，力量充沛，必有大大的成功。這大大的成功，既超過常情，也超過自己本來的希望。實際也就是超過了自己。

從眼前看，這是好事；從本來的情況看，這是壞事，體現在未來。

因為，人不能總是超過自己。打比方，坐板凳。坐在板凳正中，就穩穩當當，坐在頂頭上，不是屁股落空，就是把凳子坐翻了。人的能力與成功也是這樣。

經文指示則是，屋樑負擔過重，就要彎曲，如果換下來，派點別的用場那又是好事了。

所以，大過卦說的就是太過的現象。

陷落與依附

由大成就到大陷落，欲東山再起，就必須有所依靠。

這是一種原則，也是一種韜略。

人，超過自己，在沒有什麼作爲時想有所作爲，人在艱難中想有所成就，這樣想是對的。

人，不能超過自己，超過自己就有危險。因爲取得的成功，得到的收穫，超越了自己的能力。那這種收穫就是對別人的侵奪，侵奪者沒有不償還的。這償還，或者是還錢財，或者是遭禍殃。要認識這一點，防範這一點，是可以做到的。

但上山之後要下山，有所爲必有所過，有所過就又要遭惡運，這又常是不可抗拒的。

因爲，大過不僅是自己大大超過自己，而且別人也在推動自己超過自己。因爲事業不是一人的事，是大家在做，各人都會有出格的地方。而事業之成功卻總由一人的功名體現出來，這就常常出現盛名之下其實難副。

於是，太過，從名到實，沒有新招，沒有後勁，事業就垮下來，人也走下坡了，或者跌入惡運的深淵。因爲這是人的世界，失利與苦難總是挽著手兒走在一起。

這是坎卦指示的道理。其實這仍是在泰否因果循環之中。從乾到泰，從否到豫，從隨到觀，從噬嗑到大過，如此福禍倚變，否泰相因，到這又完成了一個單元。

但人生不會完結，只要活著就要照著這路數走下去。當然這走下去，卻不是重複過去。新的命運有新的情景。坎者是淪落，沈入了不幸的底層。何以擺脫不幸，必有所依仗，這就是離。

離是附麗，是依靠。離又是明麗，爲火光，爲光明。依靠首先是依靠自己，路要自己走。其次是要利用條件。走不動，找一根棍子拄手助行，是一種依靠；跳進水裡，抓到一根木頭，就抓到了希望，心中就升起生存的光明。離的道理就是這樣。

由大成就到大陷落，欲東山再起，就必須有所依靠。這是一種原則，也是一種韜略。

男女感應

咸卦！

六十四卦中的源頭；

社會所有故事之所由。

有了天地，在天地之間，最要緊的是人。

人分男女，只有分了男女，才眞正見出了天地之間有人，這是性別的意義。

認識了性別，等於手執一面明鏡，天地、乾坤、陰陽、雌雄，所有相輔相成的結構與道理都映照出來了。

但這個映照是無聲的，而實際上則是一種感應。

男女本來需要彼此的感應，雌雄本來也有感應，乃至交合。於是天地才變得生動，變得生生不息。天地間的人事之根就在這裡。

男女之間的事神聖偉大，這在於交媾，天作地合之美，更在於生產，生生不息。

男女之事神聖偉大，但並不神秘，神秘也可揭開，正像開鍋吃飯，下田犁地。實際它是通俗的事。通俗的事，認眞地做，負有厚望，因而偉大。

若視神秘爲可怕，這是愚昧，若視神聖爲不可侵犯，則是窒息生機，則是愚頑。

所以，男女感應本來存在，應該疏而導之，正如：春耕、夏耘、秋收、冬藏。

但男女的感應，不僅是自己感覺自己，更應是交互感應。沒有交互感應，而發生男女之事，則爲罪惡，也破壞陰陽大紀。而感覺到了自己卻不疏導，也是破壞陰陽。

這是咸卦的意義，它指示男女感應，也顯示生命源泉。在六十四卦中它是又一種源頭，社會的所有故事從這裡發生。

聖人認識它而聖明，情緒和順。

賢人認識它而事業亨通，人事興旺。

存在是永恆的

存在的方式雖然變動不已；
但存在的內容卻是永恆的。

有了男女，人的所有關係便跟著產生了。

夫婦、父子、長幼、君臣、官民、上下。爲維護這種關係，便產生了禮儀。無論官方的非常正規的禮節與儀式，或者是民間的禮貌待人，尊老愛幼，它都必然地產生。

它體現人的良知，是人的情感的禮儀化，這也是一種天性。其根源在於性。所以，性不僅是產生人類，發展人類的父母，同時也是產生文化，發展文明的父母。這一點是永恆的，人際間各種關係也是永恆的。

同時，由易經顯示的人事變動不居的道理講，表現人的種種關係的方式也變動不居，但表現人的關係卻必然是永恆的。這話可以說得更簡明：存在的方式變動不已，存在內容卻是永恆的。

所以，夫婦之道，官民之道，父子之道，長幼之道等等，其存在是永恆的，其中心內容是敬愛，是尊重。子怎麼敬父，母如何待子等等，則因人因時而異，但違背尊重、敬愛的法則，就要受到懲罰。

恆卦緊接咸卦之後，說的就是諸多人際關係的變中不變的永恆大道。

退就是進變

引退就是以退為進；

所以退，就是進，就是變；

是一種隱士之道，退讓之謀。

於永恆，更中心的是事業的永恆，人事的永恆。輪到每一個人，卻不可能永恆。

前三十幾卦已多次顯示了這一道理，只是那是從別的角度而言。對個人而言，事業到了一定火候，就必然倒退，好運也不能走到底。這時，適時地引退，就是認識持久中的變化，知會在永恆中個人卻不能永恆。這道理還可講得更明白，人不能總是安居一處，總得在一定時候引退。

引退是爲了避三十年河東，以迎四十年河西。

引退是以退爲進。

所以退，就是進，就是變。

這說的是遁卦。遁是引遁，隱退。

所以遁卦說的隱士之道，退讓之謀。

但隱遁也不是永恆的。隱遁時，才能有所補充，身心得到休息，道德有所培養，聲望進一步提高，團結的人衆越來越多。對個人，這就是興旺，這就是壯盛。

這是大壯卦。

大壯、盛大、剛健、端正、貞美，體現著人品的美好，人才的健全。

進取才是目的

行動、思想乃至於人的整個生命的意義：只在進取，不在占有。

盛大、剛健、端莊、貞美，人品美好，人才健全，這是說人的，但它不是人事的目的。

人事的目的是什麼?或者說人修持得美好、健全了以後，就必有所願望，必有所行動，這就是進取。

晉卦顯示了大壯卦以後的趨勢，當然更重要的是表現了人的特性。所以，對於人的修養說，進取才是眞正的目的。

但又必須有所糾正。因爲，進取總是有目的。目的，固然重要。沒有目的，沒有達到目的應得到的東西，進取就沒有動力。但得到的，可能得到的，比起欲望到底有限。在這一點上，要適可而止，把握好。第二，得到的太多，也許不是好事，這就是大過卦所說的道理。

所以，晉卦眞正的意義在於進取，直接明白地說，進取的意義在於行動。也可以說，行動、思想乃至人的整個生命的意義只在進取，並不在占有。而占有，最大的占有，莫過於對生命的占有。

受傷了就回家

家不只是一個棲身之所，還應是一個安心之地。

明夷卦和家人卦說的則是進取者的退路。它們緊接晉卦，說的是又一種人事情景，另一種人生現象。

晉，固然吉利，固然利於進取。

但，進取沒有不付出代價的。夷就是痍，就是傷痕。明夷即指明進取就要受傷。受傷了往何處去呢？而養傷最好的地方在哪兒呢？

當然是家，是回家。家人卦就是說明這一層需要。

然家人必須有家有人。家不只是一個棲身之所，還應是一個安心之地。父母要做正，子女要學好；尊老、愛小；妻子勤勞、溫柔、賢慧。一句話：妻賢家境順，子孝父心寬。

這樣，歸家的人才安身又安心。

乖違與災難

天有不測風雲，人有旦夕禍福。

實際上，家庭也不是絕對平靜的港灣。一家人再好，舌頭與牙齒也有互相傷害的時候，何況天有不測風雲，事有一時失手違願。道理就是這樣。

具體的乖違人意的事則幾乎無時無刻不發生。子女不聽話、男人火氣大、女人心眼小、牛吃了莊稼、貓打翻了油瓶、出門遭了扒手失錢財……

種種不如意，這就是睽卦的卦象。睽是乖異的意思。睽更是讓人睜大眼睛發直發愣。爲什麼雙眼發愣發直，這好像人想萬事興旺，順順當當，可實際呢，上面點火，下面冷水直湧，火如何燒得起來，又如何不使人兩眼圓睜發愣、發直呢？

但睽卦之種種不如意，於人或可忍受。進一步，那就是災難了。或者，人想日行千里，即便不能日行千里，只要人好，加緊趕路，雙腳不停，心裡也踏實。但忽然腳受了傷，一走一拐，跛足而行，又如何趕路，更如何心安？這是緊跟睽卦之後的蹇卦了。

蹇者，跛足也。

跛足者，比喻人生種種災難。

化解

人處於乖違與災難中：

首先要不絕望、不心灰意冷；

其次要有所作爲，是既不被動，還須有所準備。

是福不是禍，是禍躲不過。

小的災情，單憑個人的聰明才智或許可以消除，普天之下的不幸，個人則無法逃脫。

而且，樂極生悲，泰極否來這種運道循環，人也無法逃避。人的智慧只可避重就輕。人只可能在可能的情況下，在條件允許的前提下，把自己的聰明智慧發揮到極致。但卻不能改變泰極否來的運道循環；世道壞了，一個人也必無力回天。

然而，世事的生生息息，運道的泰否相克相生卻又可化解災難，好運又會不找自來。這也是一種規律。

明白這種規律，也就該有一種心思，有一種行動。因爲人不可能總是遭災受難，災難也不可能像忠實的情人一樣，注定要纏著誰不放。到一定時候，災難必然緩解。因而，人在難中，首先是要不絕望，不心灰意冷。

第二是要有所作爲，既在難中不要太被動，同時，也爲大難過去，好運來時作好必要準備。

條件應該首先是個人才能的條件，有好事，無才能去勝任，好運不好，有機會也沒用。

這是解卦之要義。

損益

大難之後，必有後福。

損人利己，必有惡報。

解卦之後是損卦，損卦之後又緊跟益卦。

損是損失、減損。益是增加、增益。

損益相對又相生。損益相聯只是一種現象，卦象上這樣組織，實際運用卻須靈活。

損失從解卦而來。解脫災難，必有損失。正如一場大病過去，人的身體必大大虧虛。脫離大難也同此道理。這是損的一個方面。

擺脫大難，發展事業，也須損己益衆，盡可能低姿態，團結他人。這又是一層意思。

損還指示居上位的人，損上益下，清心寡欲，使民衆受益，事業衰微了可以振興，力量弱小了可以壯大，壯大了則可長久。

到這裡，談了損也就明白了益。有損必有益。損己益人，終必益己。上下、內外、遠近都同理。所以，付出了總有收入。相反，只是一味地損人利己，損公肥私，損衆利寡，則必有惡報。

決斷與相遇

所謂當斷不斷，反受其亂。
決斷只在一心，必須堅決、果斷。

益卦之後是夬（guài）卦。夬，意思爲決裂、分離。夬卦相對益卦而言。

增益到一定時候，無論事業、事物便不能再增益了。人可以繼續有增長、壯大的願望，但實際已做不到。家大了要分，業大了也要分。簡單的道理如此。分就是一種選擇，選擇了就有行動，行動必表現爲決斷。

決斷只在一心，必須堅決、果斷。因爲當斷不斷，反受其亂。

心之決斷，在行動上則分剛、柔。當剛則剛，當柔則柔；文武之道，一張一弛也。

決斷之後，憤然而去，必有新的遭遇，新的結合。從夬卦到姤卦就是這樣。姤（gòu）即相逢結合。不可隨便結合。正如男女婚配，必有所了解，相適合才可結合。姤卦卦象是一陰五陽，即一女迎五男。如果一個女人竟有這麼多男人，這女人就是壞女人，不可與之結合。

反之同理；推及其他人事，人狠了不逢，酒釅了不喝。

基本選擇態度是如此的。

集合上升

人事是衆人的事，集衆是成事之本。

選擇的結果是結合，對於群體的事業來講那就是聚集人才，建立隊伍，這是萃卦的指示。

萃就是聚集。

人事是衆人的事，集衆是成事之本，這是根本的道理。

能集衆，響應的人多，事情就好辦，事業則呈上升趨勢，或者一帆風順。

這是升卦。

落難還鄉

勢有窮盡，力有窮盡，但人心無止境。

人可以不心高志遠，可以不飛黃騰達，但不能不守住鄉井立命安身過日子。

升卦表現的又是一種吉祥的情景。它是順利，是成功，是美好。

而實際上勢有窮盡，力有窮盡，但人心無止境。繼續上升不停下來，只是一廂情願，才能跟不上，勢力支持不久遠，則不停也得停下來。並且這停下來已不是想停就停的結果，而是已經勢窮力盡，無力自保，勉強自保。實際已陷入困境。這就是困卦。

爲什麼這樣?·這道理其實前面已多次講過。世界是人的世界。此方困窮，必有彼方亨通。人分你我，勢分敵友，時分陰陽，地分高下，相克則相生。克於我必生於彼。

人在窮困之中，必然要收斂鋒芒，安居守分。這就是井卦的卦象。井是鄉井，是人安居的地方。人可以不心志高遠，可以不飛黃騰達，但不能不守住鄉井立命安身過日子。困窮了也不能不回歸鄉井休息、養傷。

所以，井是鄉土、親情、家園的代名詞，人在奮鬥中失去的一切，可以在這裡補充；損傷的一切，可以在這裡修復。沒有鄉井、家園、親情，人陷入窮困，可能一蹶不振；有了它們便可獲得源源不盡的力量，可以不斷地重新上馬，再登程。

所以，落難回鄉，窮困歸土，實際包含捲土重來，日落日出的吉利。

變革

人到了一定的時候需反躬自省，清理內心，使行為端正，內心純潔。

從某一個方面看，井是生命之源。有井才有鄉土，才有家園的根基。

但井也是一種象徵。

井水清澈，生命才可愛，人品才美好。

井水打走了又溢滿，總不枯竭，象徵一種長盛平和的美德。

但井也有生命，也可被破壞，也會衰老。水會被污染，灰土砂石還會把井湮塞。於是井到一定時候，必須清洗、掏掘。這樣，鄉土、家園才眞正長久美好。

那麼人呢？人事呢？

人到一定時候也須反省、清理內心，使行爲端正，內心純潔。人事也這樣。

但人事的清理就是變革，變革必比個人反省、自理難得多。

變革必須在該變革的時候。那麼，窮困就是變革的黃道吉日。因爲人心所向，正如清理一口污井，福利一鄉人民。

變革必有凶險，方針、路線對頭，人心所向，也必有不測風雲，必須審愼行事。

然而，更要緊的是信心堅定，只要是對的，改變所有規矩、法令、乃至天命，任憑滿天風雲滔天駭浪，也沒有什麼不吉利的。天人本來合一，合人心必得天意。

取信於民，便獲得老虎一樣的威武；造福於民，即有了豹子一樣的勇猛。

惡習不改便是凶險。

堅定守正即爲吉利。

推翻·震盪·停止

有才德之人常懷戒懼之心，謹言愼行，不斷檢省自身，以成就改天換地之巨功。

對於變革，最徹底的就是推翻重來。鼎卦卦義說的就是這個意思。

「鼎」是有三條腿的器皿，用於裝吃的東西。如果鼎裡的食品壞了，怎麼辦？倒掉！

倒掉，就是把它推倒，推倒了，變壞了食物就潑出來了。再洗盡鼎身，就可重新開始了。

「鼎」又是祭祀用的器皿，象徵權威、神聖，那麼推翻舊事物就必須是由德才兼備，德高望重，具有號召力的人來進行。緊接鼎卦之後，震卦這樣的指示人們。

震是驚雷震響，顯示聲威，更表示變動之事的令人驚恐。因之有才德之人須常懷戒懼之心，謹言慎行，不斷檢省自身，方可從事革故鼎新之事，造成驚雷震響之聲勢，成就改天換地之巨功。

然而，震盪必有所止，聲勢適可則消歇。因爲人心在困難中是思變革的，亦即所謂國亂思良將，家貧思賢妻。但賢人變革給人帶來的應是安定。因爲人心動極思定。賢人如果震盪不已，不斷生事，這又走向願望的反面。所以，繼震卦之後是艮卦。

艮（gèn）者，停止也。

動極則靜，是事理。久動思靜，是人心。

漸漸長成　即需歸宿

人事不能急於求成，欲速則不達。

止，不是永遠就停止了，永遠停止那就是死滅了。或者說，止就是不止。

但止又是停止，是凍結，是休息。

凍結了，經過一個冬天，春天來到，漸漸便會冰消瓦解，又變得平和，又獲得活力。

也就是休息一段時間，獲得元氣，找到出路，漸漸可以重新開始又一件事情，又一番事業，又一種人生。

漸卦的意思就是這樣。

但漸卦的更根本的意思是進取與長成。

進取是漸漸地進取。長成是漸漸地長成。

這樣，漸卦所說的漸漸，就是人事的一種普遍狀態：一般情況下，平平常常的日子裡，進步、變化，成長都是漸漸的。

於是，漸漸也成爲一種要求，人事不能急於求成，欲速則不達。

但漸漸長成，便有歸宿的事情要做。正如姑娘漸漸長大了，就要找婆家，也就是找人生的歸宿。男的也一樣，找到一個中意的姑娘，也就是找到一個人生的歸宿。

歸宿不只有男女相屬的歸宿，還應是心靈的歸宿，事業的歸宿。

歸宿不是一時的事，是一生的事。

因此，成熟了一定要尋找歸宿，尋找歸宿必然是認眞尋找。男女的挑選，外貌、個性、才能、志向、善惡，要認眞考慮。事業的挑選，該做什麼，什麼值得做，怎麼做，都須認眞對待。它關係人生吉凶成敗。這當中人的心靈也就找到寄託。

人生之旅

歸宿，男歸女，女歸男，天經地義。事業的歸宿也一樣。而有了美好的歸宿，美滿的日子，接著必然是人事的順暢與豐收。

一個家庭，兒孫滿堂，人丁興旺，對於孤男寡女是豐收，也是一種強大。一個群體，一個國家，一支隊伍，對於單槍匹馬，是一種富有，也是一種強大。

這就是豐卦的意思。豐，多；大，強也。

一個人家大業大，這樣，原來小小的個人的位置也就沒有了。這是旅卦的卦象與道理。

兒女成人，各立門戶，老人原來的家，原來的住房，讓兒女一一分去，老人反成了流浪者。這是旅卦的一層意思。

事業興旺，隊伍壯大，機關重重，分支眾多，事情也多。這樣，創業者，管理者日理萬機，廢寢忘食，好像是發達了，出息了，榮耀了。實際作為普通人的那份自在，那份獨立，那份安定便也沒有了。整日裡，人在忙碌，心在操勞，手在收拾，眼在觀察，腳在奔走。這是旅卦的又一層意思。

至於貪占，使人失眞，使心流浪，也同樣適於旅卦解說。這裡只有道德善惡之別，沒有事理變化之分。所以，卦象明事理，更要明人理。

人理即道理。

走進喜悅

喜悅是一席人生的盛宴。

旅是身心流浪。

人的流浪是不可避免的。流浪是一種世相，但不是一切世相。

流浪者一定要安居下來。流浪者也要尋求解脫。要解脫先須預謀，先須算計。

巽卦在旅卦之後指示算計、謀劃。巽就是算計。巽又象徵風。算計、謀劃，也可當作風看待。反覆推敲、反覆試探，就像風吹凍土，喚醒草木，一個好的季節也就開始。

而人事，給一個消息，預言一番變化，或一個眼色，或一句話，或一個文件，也叫吹吹風。

對於吹風，對好消息，好謀劃，就像一隻腳已進入了成功的大門。接著如願以償，那就是喜悅了。

喜悅在巽卦之後，是旅行結束，是重擔卸下了，是一種新的和好，新的歡聚。是說家居，也是說交友，乃至興盛事業。這就是兌卦。兌，喜悅也。

喜悅是一席人生的盛宴。

人生常聚也常分

留得滿天風月在，何愁人生不團圓。

聚了以後，一定分離。

人生常聚又常分，是因爲人世沒有不散的宴席。因聚而喜，因分而悲，這是人情，也是世理。渙卦與節卦就是說這種人情，也是化解這種世理。渙就是散。

人老了，要離開親人朋友，這是人生的大散場。朋友相聚一場，低訴、高歌、痛飲，到時候也要各奔東西。這是人情的合合分分。志同道合的人，成就了一番大事業，以後又要到四面八方保守事業，發展事業，這是人事的聚散分工。散是叫人傷心的，又是必要的。它是代價，它是付出，同時又是播種。因爲，無死即無生，無分離便無世界之廣大，也無人事的發展。因之，好男兒志在四方，大智人看破生死。

能作到這樣就是理智，就是節制了。

感情的河水不能不流，不流則世界沒有悲歡，也就沒有情趣，那世界也失去生動，人活著也就等於死了。但感情的河水也不能破堤泛濫，感情的河水一泛濫，人不瘋狂，也即為魚鱉。

所以，人要抑制感情，尤其要節哀，要排遣憂鬱。留得滿天風月在，何愁人生不團圓。世界是人的世界。人在，世界即可獲得圓滿，這完全在一心營造。

堅信則成

將開未開，此花才美。

這是因為它還有美的未來，讓人充滿希望。

生活之於人生願望、人的情緒，只能是部分地實現，部分地發洩，大部分的則需要壓抑，需要節制。這是被迫的，不得不如此。

但壓抑、節制也有主動與被動之分。

被動是完全無奈，情勢壓人，動彈不得，不得不屈身認命，逆來順受。

主動則是深知節制與壓抑的不可避免，甚至於在人生還是必要的。這樣壓抑情緒，節制願望，因之有所失，便有所得。這便是心中有一種明確的信念。

有信念，內心便平穩，行動便執著，態度便堅定。這便是中孚卦的道理。

中爲內心，孚是相信、自信。

自信，執著，目的就會明確，發出的諾言也不會更改。只有堅持做下去，做下去就必定有收穫，有結果。也就是不斷尋找，那肯定會找到，得到超過自己願望的成績。這就是小過卦的卦理。

小過與大過比，它是在成功的路上，還不是大大的成功。它是在上升勢頭中，來日方長。它是心理（自信）的成果，努力（行動）的成果，還不是計劃的全面實現，事業的大成。

但這正是事情的好處。將開未開，此花才美。因爲它還有美的未來，讓人充滿希望。

結束即開始

日月經天，江河行地，人生常新；
復始的不是過去的重複，再生的總是過去的相似又不是。

小過進一步就是既濟卦。

既濟卦是表示願望實現，功德圓滿。這從字面上就看得出來。既是已經的意思，濟是渡河，既濟也就是已經渡過了河。那就是說，人生事業，驚濤駭浪已經過去，急流險灘也被拋在身後。人已登上了成功的彼岸，到了平安幸福的樂土。

或者，至少是一件事已做成了，一個目的已達到了。

但既濟就是未濟。或者說，對人生，過了河又是沒過河。因爲，過了一條河，前面又會有河，前面的河也許要渡過去更費力。也就是做事，做完了一件事又要做另一件事。

生命只要依舊運轉，事業就會無限延續。結束就是開始。未濟卦緊接既濟卦之後，即說明這一道理。人生沒完，事業也不會完結。

六十四卦到此畫上句號，人事卻永遠沒有句號，天地乾坤也一樣。

一切周而復始，一切息息生生；復始的不是過去的重複，再生的總是過去的相似又不是。如此，日月經天，江河行地，人生常新，世界變動不居，日新月異。

《易經》妙語

易之為書也，廣大悉備，有天道焉，有人道焉，有地道焉。兼三才而兩之，故六。六者，非它也，三才之道也。

——《易經‧繫辭》

一陰一陽之謂道，繼之者，善也。成之者，性也。

——《易經‧繫辭》

六十四卦大抵說全了《易經》的人生學問，然而《易大傳》中仍有好多解說人生世事的好道理，且補充在這裡。

不過，應當說，補充到底是越補充越不夠，因爲，我們是面對說不透的《易經》，同時也面對看不盡的如棋世事。

知道這，讀者可一眼看《易經》，一眼看世情，在這之中，人再回頭看自己。所以，論其道理，說破了的固然重要，但沒說破，沒說出的更有效用。因而，讀者仔細讀來，還須好自爲之。

天地乾坤大道理

動與靜有常理：

動極必靜，靜極生陽，陽剛陰柔，自有分別。

天尊地卑，天在上，地在下，乾坤的位置就這樣定下來了。

天地間萬事萬物由卑下微小到高當壯大，雜然紛呈，又共居於天地之間。

天地萬物從小到大，從卑到尊自然排列，八卦中六爻的位置也依貴賤不同的次序而安排。

動與靜有常理：動極必靜，靜極生陽，陽剛陰柔，自有分別。

人各有道，物各有理；人以類聚，物以群分。此一方和彼一方，必然地會有著矛盾和衝突，也必然地和平共處。這就是吉凶產生的原因，變化發生的內在動力。

天，孕育了日月星辰、晝夜明暗、四時寒暑，以及風雲雷電諸多奇觀。地，演化了山原河海、鳥獸蟲魚，乃至花草樹木等等。

人世間的事情錯綜複雜，變幻無常不可解，卦爻卻可顯示出它們變化的道理。

由此看出，陽剛陰柔，交錯摩擦，正好相反相成，於是八卦所代表的天、地、雷、風、水、火、山、澤八種物象相互激盪。代表總是唯一的，代表背後的被代表者則是萬萬千千。千千萬萬事物的矛盾衝突，激盪變化，世界的生機也就在這其中。最明顯的是日昇月落，最突出的是寒暑易時。

乾爲高，則爲天，爲陽，爲父，是男性的象徵。坤爲低，則爲地，爲陰，爲母，是女性的標示。乾是偉大的創始，爲天，代表時間；坤是神聖的孕育，爲地，代表空間。

乾爲天，有自發的功能，並明明朗朗地高懸於上，一望可知。坤爲地，功能簡易，是乾的溫順伴侶，並渾然造化萬物。

坤的平易顯示一種德性：平易則好使人遵從，容易讓人了解就有人追隨，則容易成功。

有人追隨，生命力便長久，便容易成就偉大的事業。

保持長久是賢人的德性，成就偉大那該是賢人的事業。簡易之理明白，天地萬物之理也就知道了——附和天地，寓身大衆之中，如此便可以簡馭繁。一切也不過如此。

吉利生快樂

八卦觀宇宙，卦爻知吉凶。
吉凶是成敗得失的象徵；
悔吝是愁悶憂患的象徵；
變化是前進後退的象徵；
剛柔是日夜動靜的標誌。

君子平日生活工作，心安理得，就在於他能順其自然，自然而然中順應了八卦卦爻所顯示的道理。

卦辭、爻辭所顯示的道理奧妙無窮，細心體察，反覆玩味，亦其樂無窮。何以其樂無窮?玩味道理是一種樂趣，行動中觀察它的應驗與事理變化，物象變幻，證吉凶，算未來，上得天，下得地，中得人，趨吉避凶，一切吉祥如意，無往不利。這又如何不其樂無窮。

聰明只在一心

人們不一定相信預言，然而事到臨頭，吉凶禍福卻不能不怦然心動。

道理是虛的，人的行動卻是實在的。

成功的路上，吉利的路上，人總是越聚越多；失敗的路上，禍患的路上到底也有人走，雖然不是願意的，這不願意只是在事後才後悔莫及，永以為戒。所謂一朝被蛇咬，十年怕草繩。

然而成敗本無道路，只在衆人一心願往。

事實上卦爻上也無現存的路，也只在人們一心把握；但卦爻易理雖無現存的路，然而，它可給人指路徑，指方向。為什麼？

因為，在《易經》中——

·彖辭講全卦的總體象徵。

‧爻辭說明每一爻表示事物變化。
‧吉凶指示善惡成敗，根本的結局在這裡。
‧悔吝告誡人提防小過錯，小節也許有大防。
‧無咎鼓勵君子及時努力，及時補過，這樣便可避免大禍。

從以上可知，六爻定貴賤，卦象見事理。激發聰明才智，細察事件生發原委，空虛的道理也可呈現看得見、摸得著的成敗景象。

這就是吉凶善惡見卦爻，利害得失在明察。卦爻是死的，人是活的。人活得聰明有精神便看得出卦爻風起雲湧，或日月光明，所以，人活卦活萬事活，成敗禍福全在君子一心。

吉凶全在根本

追溯一物之開始，細察萬物之終結，生死問題也就明明白白了。

往者茫茫，先賢何在？我們不知道是誰發明創造了《易經》。然而，這遠不重要。

但我們知道，《易經》道理的產生卻是以天地爲根據，爲準則。這卻是根本的。

知道這個根本，我們便了解大道理管小道理，易經之理包容一切道理。憑此，上識日月星辰之運轉，下知大地山河之流變；黑暗過去了必是光明，爬上了高山下面必是平地，太熱了以後就要變冷……追溯一物之開始，細察萬事之終結，因而生死問題也便明明白白。

精神與氣血結合形成生命，靈魂追隨著形體。一拳打倒一個人只是一時，靈魂神氣搖動一個人卻可久遠，由此可知鬼神之事，更知精神感召之力。

既然《易經》的道理與天地大道相似，所以按易理行事，判定吉凶，就不會違背天地大道。

《易經》的道理裡，有基本的原則與方法，人以自己的智慧與膽力去認識去運用。大而言之，它完全了解萬物情態，智者奮起，可以匡濟天下，大有所作為，既不過分，也不冒失。小而言之，個人則知命運，知進退，進而無害，退而無憂。

或者，深識《易經》道理，從天地自然那裡領悟辦法，愛才重仁，因而博愛天下。這話可說得更具體些。仁者人也，以仁心愛他人，因而也愛環境、愛草木；山水草木亦有情。因而，自然與社會共存共榮。

《易經》道理的偉大還在於，規範天地無所不及卻又不會超過。它生成萬物，委曲詳盡卻決無遺漏，同時也埋下明暗轉化，生死遞進的契機。道理究竟玄妙，甚至空洞，但生命實實在在，看得見摸得著，一男一女，一草一木，生息吉凶全在自己。這對於人，尤其不否定天時、地利、人和。

到這裡，我們有必要說到精神，說到智慧，說到有無。

精神智慧之有在於人。人有精神，人有智慧在於人在想、人在動，精神、智慧又從無中來。正因爲無，人們便可憑精神智慧去創造成功，也可能失敗。而無則無所不在，則所在皆有成功與失敗，或者吉凶禍福。人要知此結局，應該細細了解《易經》道理。

什麼叫易

何謂易？

生生不息，變動不居也。

道在中國人的智慧中，眞是至高無上。

什麼是道，陰陽結合，相反相成、相克相生而已。它是規律，它是路線，它是方向。它並不存在，但它又與人與事與物同在，並且無所不在。所以，它又是發生、發展、變化，它是過去，是現在，更是未來。

或者，我們換一句話說。道不是世界，但世界無所不有道。它是無，它是有，它是無有合而爲一。它由雌雄、男女、明暗、涼熱、正反、敵我、成敗等等的組成……而陰陽卻概括了所有。

依順陰陽，遵循正當的規律、路徑、方向，那就是完善。按此做事是好事，按此做人是好人，生來的人性就該如此。

愛人的人，有道德的人，知道了這種完善，認準了這種人性，那就是仁義。聰明的人，有頭腦的人，知道了這種完善，認準了這種人性，那就是智慧。平常的人，按道行事而不知，因而，神聖偉大也常被人們視而不見。

然而，道卻無時不在實用之中。萬事萬物按道——規律、途徑、方向生存發展、興盛滅亡，然而道又對一切無動於衷，這難道不是人永遠也達不到的偉大業績與偉大德性麼？

原來我們可以這樣想：與宇宙同在，擁抱自然，正是人間最偉大的事業；如日月，無私無藏，造就萬物，利盡他人，這正是人間最完美的美德。

因之我們可以了解《易經》中的「易」了——

生生息息，變動不居的就是易。易，變易，我們從這最初的理解開始。

像播種一樣，讓萬物出現那就是乾，我們可稱它爲精神之父。因種子而孕育、而萌芽，讓事物生長那是坤。我們稱它爲生命之母。按道去做，那就是事件、事業。運用道，神妙莫測；與道共舞，那就出神入化了。

變化

萬物紛繁，道理深奧，聖人便模擬事物的外形和內理，這就是卦象。萬物變化，道理相通，聖人便融匯變化的起伏形跡，這就是爻辭。

卦象是總體的，爻辭是方方面面的。卦象顯示未知、擬測、象徵、透露未來的曙光、讓人充滿希望；爻辭解釋卦爻，人事錯雜，陰陽卻自然有序，爻辭卻可指點迷津。

鶴在蔭處引吭鳴叫，它的孩子立即四處回應。人有好酒，總只願和知音共飲。

有才有德的人，在家裡發表美妙的言論，天涯海角的人聽了也會擊掌叫好，感動得欲一吐爲快；那就更不用說他身邊的人了。

言語由人說出，影響他人。行爲從身邊開始，遠方的人看見，效果便出來了。

君子立身處世，言語、行動是關鍵。這關鍵天天發生，所作所爲如何，便主宰了個人的光榮與恥辱。天，無所不包；地，無所不載，人心如鏡，君子怎能不謹言愼行呢？

同人卦說，先悲痛號哭而後放聲大笑。孔子發揮其中道理，君子立身人世，或者入世兼濟天下，或者出世獨善其身；或沉默是金，或口若懸河。衆人一心，力可斷金；一心之言，芬芳如蘭。先受苦難，而後方可成功。這就是人生的先哭後笑。

勞苦功高，謙卑自處，終是吉利。

道德講盛大，禮貌在謙恭，謙虛就是要達到恭敬以保持人應有的德性。太尊貴了即失去安身之所，人與人還是要打成一片。

太高傲了就沒有追隨者，人還是要承認別人，承認別人自己才神通無限。

語言常是惹禍的根苗。君主出言不遜便要失去臣民，臣下說話不謹愼便會招致殺身之禍。國有機密，家有機密，個人也有機密。禍不可近，密不可洩。

攜著財富坐車招搖過市，強盜就會跟蹤而來。

女人打扮得花枝招展，自己顧盼生情在於讓人讚美，垂涎者就來了。

好事向前一步就是惡事！

數字中的人情

道變我變，世事奇妙；
最奇妙的還是人。

太極生兩儀，兩儀生四象，四象生八卦。

這個說法眞是高深莫測，用盡一生智慧也不能窮盡它。

我們從太極開始琢磨吧。

太極是天地萬物的源頭。這一說像什麼都說透了，又像什麼都沒有說。只能這樣了。最大的清楚也就是最大的不清楚，全賴彼此一心領悟。

到此，我們可以說說天地萬物演變之術。

我們且用數字進行。

人所知的演變，莫過於天地的演變。卜筮是用五十根蓍草來進行推演的。

從五十根中取出一根，以象徵太極，源就在這裡了。

四十九根任意分成兩份，這便是二儀。從右手的一份中取出一根夾在小指與無名指之間，這就是三才，然後以四爲單位分開，這就是四季的運行了。先數左手的那一份，餘數必然是一、二、三或者四。將這餘數夾在左手的無名指與中指之間，這就是三年一潤。再數右手的那一份，方法如左手的那份一樣，餘數同樣不超過四，將此餘下的蓍草夾在左手的中指與食指之間則象徵五年兩潤。

這時，左手所夾的蓍草必然是五根或九根。這是一變。接下來的是二變，過程、方法如前，餘數或四或八。接下去是三變，即除去四或八，餘下的或三十二，或三十六，或四十，再任意分成二份，如前推演，餘數亦是四或八。又減下這餘數，所剩即爲三十六，或三十二、或二十八、或二十四。它們都是四的倍數。

即：

‧三十六（36÷4＝9），此為老陽。

‧二十四（24÷4＝6），此為老陰。

‧二十八（28÷4＝7），此為少陽。

‧三十二（32÷4＝8），此為少陰。

三變得一爻，十八變成一卦。如法再進行五次。

然而，數字有象徵便有稱呼。

天數，一三五七九爲陽爲奇；地數，二四六八十爲陰爲偶。天數地數各五，五五參合，即得天陽數二十五，地陰數三十。天地陰陽數五十五，推而無窮大。

這就是易所顯示的無窮。

乾坤爲陽，其爻爲九，蓍策共二百一十六。坤卦爲陰，其爻爲六，蓍策共一百四十四。乾坤陰陽合而成三百六十，這就是一年之期。

三變成一爻，十八變成一卦。聖人創造這八卦，顯示造物主威德，描繪天地萬物情態，這僅僅是智慧的開始。引申開來，依理推求，萬物之理無不包含其中了。

知道這所有，退可做人，進可行世。道變我變，世事奇妙，最奇妙的還是人啊！

變易只在一心

路還得靠自己走，走快走慢，和誰一起走，如何取捨，又該如何判斷吉凶禍福，全在自己把握。

《周易》實際只是一些符號，一些解說文字。老老實實地說，就這樣。它既不能作什麼，也不可能想什麼。它像人們舉目所及的任一物件，永遠沉默在那兒。

然而，它像所有的物件，又不同於所有的物件。它是爲思想者準備的，它是爲智慧的心靈準備的。看，推演，得其皮毛。看，推演，感應，領悟，神與物遊，心逐太極玄機，便洞悉天地萬物所有道理。

易經，眞是造物主失落在大地上的神奇戲法。

然而，老老實實地說，人生於世，一切都是人的。

易經是聖人神與物遊，神交天地的學問。正因爲幽深，所以可以解釋天下人的心志；正因爲玄妙，所以可以成就一切事務；正因爲神奇，所以沒有效率卻有無往而不達的效率。

所以君子將有所作爲則必問易，於是他便得到一個說法，有一個指引，安然無恙地走近未來。也有事與願違。這裡錯誤的只是人的判斷、決策，而不是易中的智慧。因爲，易只指方向，只指道路，但道路、方向本身不是成功。一切都在時空中，路還得靠自己走，走快走慢，和誰一起走，路也要開岔，取捨即有吉凶成敗，易不能告訴人們所能擁有的，全在自己把握。

所以，應當這樣說，陰陽交錯變化，數字錯綜推演，正如世事如棋，人心似海，這就是變化。知道變化，便可讀易經，便可用易經，也便知人事，亦可於此世界安身立命。

說到這裡，易經中四項聖人之道不可不一一說明：辭、變、象、占，即言論、製造、形象、判斷。運用這四種聖人之道，發表言論，人們便尊崇其文辭；據此創製物件，人們便崇尚其變化之功；製造器具，人們便讚美其作品的造型；以它為理論原則進行思考，則產生無往而不勝的判斷。

這也就是易的精微不可說明的功效了。

憂患

過去永遠過去了，人只有把握未來；而過去又永遠不會過去，它必影響未來，因而把握未來，便也應把握過去的影響。

天下到底有什麼非叫人困擾憂慮的呢？

天下的事只是殊途同歸而已，許多的道理講法不同，但最後還是講到一個地方去了。

太陽落下去，月亮升起來了；月亮下去了，太陽又來了。太陽、月亮交替便產生光明黑暗，同時又有了生息。夜，是天作地合，是天地的生息；夜也是男女的結合生息。這裡的生息又合而為一。

嚴冬去了炎熱的夏天又來了，炎熱的夏天走了，冬天又復到來。冬寒夏暑交替形成歲月，也顯示生命的艱難與順利，人情的勢利與敦厚。

已經過去了的只是一種退縮，到來的卻是一種延伸。屈縮伸張，好處不是絕對的，壞處也不是唯一的。好中有壞，壞中亦有好，自然而然中互相作用。把握住這種變化，便把握住了利害。

過去與未來還有一種意義，過去永遠過去了，人只有把握未來；過去又永遠不會過去，它必影響未來，因而把握未來，也要把握過去的影響。

萬物都有其存在的道理。

小蟲屈縮起身子，是爲了伸張，是爲了前進，屈縮就是代價，伸張，前進在這裡就是收穫。龍蛇隱伏冬眠，是爲了活命，有了九十日埋伏，也就可以享有未來美好的季節。

易經表現的道理也就這樣，君子安身立命，忍受屈辱，也就是爲了將來崇高的事業。

前進被困於山谷，退後卻又陷於蒺藜阻擋。回到家裡又見不到妻子，這就是凶險的徵兆。

不該出現的困境，卻已置身其中，名譽必然要被玷污，不應放棄安身立命的地方，一旦放棄了，那生命就會有危險。名裂不一定可怕，名裂跟著身敗呢？聰明的人務必居安思危！

一箭中的，表現的是萬事大吉，一切順利。箭射飛禽，射箭的是人。君子把弓箭藏在身上，伺機而發，怎麼會有不利呢？這是說有備無患。有準備而行動，怎麼不會無往而不勝呢！

小人不以不仁爲可恥，不以不義爲可怕，無利則不勤勉不進取，不見刑罰威懾就不知懲戒。吃了虧才當心這是小人的福氣。

善行累積不多不足以成就好名聲，惡行累積不多不足以自毀其身。小人以小善無大益而不去做，以小惡無大害而不改，這樣，惡行日積月累以致惡貫滿盈，想掩蓋也掩蓋不了，終至罪大惡極，不可救藥。

安於其位，必有危險；自認長久，滅亡便已跟蹤而來。混亂，產生於粉飾昇平的社會。所以，君子居安思危，存而慮亡，即便太平盛世，也不忽略動亂的因素在生長。

心有靈犀

謹慎為先，深思則聰明；

進退要有法度，內外要有彼此，說話要有分寸，行動要有緩急。

《易經》是經世致用的寶典，它與人緊密相關。

易道法則變遷不定，沒有形式，沒有規律。這是因世事變遷不定；看不出形式，不存在規律。然而，沒有形式就是最大的形式，沒有規律就是無法超脫的規律。

卦爻在變化不定中把一切表現得明白，只是人常常不能心有靈犀一點，於是人不了解自然，不知彼此，迷失了道理，也迷失了自身。

在卦爻說來，六爻之間，上面的爻位與下面的爻位沒有不變的常規，陰陽互變，不可拘泥於一種法則來理解，以變說變才有實效，才管實用。

進退要有法度，內外要有彼此，說話要有分寸，行動要有緩急。最基本的態度：謹愼爲先。

明瞭憂患的原因，沒有老師，也可領悟一切。深思則聰明，實事了然於心，依卦象、爻辭推測，現象紛繁，規律卻穿行其中。這裡主宰一切的是心靈，修養、道德爲先。

強者與弱者

所謂天作孽猶可憫，自作孽不可活。

在危難面前，强者總要做點什麼以盡人事，也總是力圖能駕馭命運。

天保佑則無往而不利。

天在哪兒呢？舉頭一望，青冥萬里即爲天。然而這是天又不是天。天應是自然。人亦是自然。人無往而不是自然，人以自身與自然相通。那麼，人按本來的樣子，應該的樣子去做，即得天，天即保佑。

所以，順應自然，保持自然本色，人即爲天，天亦是人。

不可忘記人而一味怨天尤人。

不可忘記天而肆無忌憚。

這裡說說強者與弱者。

強者應是得天的強者。得天者，盡人力也。

弱者應是失天的懦夫。失天者，失志也。

於此，強者與弱者最突出的差別在於，在危難面前，強者總要做點什麼，盡人事，總是力圖駕馭命運；弱者或聽天由命，或怨天尤人。

於此，天作孽，不可違；自作孽，不可活。

《易經》的由來

創制《易經》者，有其深廣的憂患……

觀其所由，所謂成功只在把握之中，成敗僅一牆之隔。

《易經》廣為流傳推展起來，大約是商朝末期的事吧？

創制《易經》的人，大概是他有深廣的憂患吧？

所以，履卦教人禮儀，它是人生道德事業的基礎。有德有業，一個人運氣才真正亨通，如此即便踩著老虎的尾巴，也安然無恙。

所以，謙卦教人謙遜，這樣培養道德便有了良好的途徑。能謙和遜讓，有才不露不顯，有功不傲不矜，無人與之爭執，人生必可善始善終。

所以，復卦教人從善。善是道德的根本。

所以，恆卦教人持之以恆，這是意志、德性的表現。恆必須分別男女。女須守德，守德就吉利，有德才有事業。男也須守德，同如女子，但男子立業必須知變通，不變就有危險了。德是永恆的，路則是彎曲的，必須知變。以道德的心靈去走彎曲的人生路，守德識變，則無往不吉利。

損卦教人減少欲望，培育道德。有所失才有所得；有所不爲才大有所爲，做什麼事情都是這樣的。損與益總是連在一起，損不可太過，益也不可太過，中庸就吉利。誠心爲之，就可把握損卦的大旨。

益卦與損卦照應，使人向善。善，則道德廣大，廣大則容人，能容人則在平凡中顯其偉大。這是平易的偉大，看不出偉大的偉大，是眞正的偉大。

困卦教人不受迷惑。先立德，立德則知利害；知人：知人則辨眞僞，辨忠奸。認識了忠奸，便知道取捨。於是，守則平安，進則無差錯。

井卦教人守住道德的根本。守德在於立德，立德的根本在於重人。不可傷害人，傷害了人，衆叛親離，就如井枯水竭，無水人怎麼活呢？

巽卦教人因時而動。人和、地利是成事的必要條件，但都要順時。時間對了就成功，時間錯了就失敗。時就是機會、機遇。時，可得而易失，成功只在把握之中，成敗也只隔牆而居。

得失

> 所謂得之非分，必要償還。換一個方向看人事，對上不諂媚，下不輕侮，君子見機而作，決不遲疑等待。

《易經》上說，鼎的腳折斷了，王公的美食就倒翻在地，弄得地上髒兮兮，濕淋淋的。這是凶險的兆頭。或者，這本身就是災禍的一種表現。

仔細想起來，這道理大可深究。

德行粗鄙，或者乾脆就是敗壞歹毒，卻身居高位；智能低下，或者簡直就是粗笨愚蠢，卻妄圖大業；力量微小，或者完全是倚人成事，這樣沒有不遭災禍的。

得之非份，必要償還。以他人的青春、生命、血汗、智慧成就自己的富貴；冒人之功，成自己之名位，那償還起來就不是金錢、地位。或者以歲月抵罪，或者以生命息禍。

所以，智人不無功受祿，強者不吃嗟來之食，賢人不坐享其成，聖人乾脆放棄所有功名事業，只做一個自然的人，這是最平凡的人，又是最偉大的人。

換一個方向看人事。

君子對上不諂媚，對下不輕侮，這是通曉事機微妙，說破了是尊人。

而且，君子見機而作，決不遲疑等待。就像水，被大石阻擋，必然不在石前等待，而是另找途逕向前流。所以，人事不在坐等，而在不斷尋找。途徑永遠不是確定不變的，也不是唯一的，只要目的正確，又合於正道，那就吉利。

但人又不是水。流水下灘非有意，人事進退必有心。所以，人事之進是內容，是本性，而不在表面形式。只要深思熟慮，只要目的明確，於是，不尋找就是尋找；後退也是前進，所謂以退爲進，以守爲攻。只要心中有數，方法清楚，於是，等待也就是努力，無爲也即有爲。

了解變化，明白道理；洞悉柔弱的作用，也深知剛強的功效。情勢了然於心，人事瞭如指掌，所以，君子馭成敗如趕牛羊，雖大拙如愚氓，卻爲萬民景仰。

所以，一個德才兼備的人，應當是一有錯誤，沒有不知道的；知道了便不會重犯。

迷途不遠，趕快回頭，大損失就避免了；即便一時無所成，但根本保全了，哪還愁來日？這是不利之利，根本的大吉大利。

取予之道

先心平氣和，然後才開口說話；用真誠守信交朋友，然後才有所要求。

君子有這樣的修養，待人處世才會全面而不有所偏頗。

萬衆一心，事情就可成功。

一人行事，專心致志，就會得到朋友幫助。

三人同行，意見不一，就必須要有人放棄自己的主張，服從某一個人的意見。

雜亂必須統一，必須一致。

單一必須群衆扶持。這樣，單一就不致於單薄、纖弱；衆多服從單一，這樣就衆志成城。

這說的就是一致的道理，《易經》講得明明白白。

從這個道理引申開來，君子行動，總須先安定自身，再來方才有所作爲。這就是，先心平氣和，然後才開口說話；用眞誠守信用交朋友，然後才有所要求。君子有這樣的修養，待人處世才會全面不偏頗。

反過來，有好心，沒有好的修養，沒有好的辦法，冒險行動，人民就不會跟隨；或者出言粗魯，或者開口嚇唬，人民就不會響應，甚而在心裡嗤之以鼻；或者，並未給人以實惠，竟然苛求於人，那人民就不會支持。實際上，情況常常這樣，沒人支持、響應、理會，那麼勢必有人搗亂、攻訐，傷害也就開始了。

《易經》上說，沒人幫助、支持，反要遭人打擊傷害，而君子此時又不反省，對正義的事業不堅持不懈，那就可怕了！

形形色色人

一切事物都有它們所在的位置，也都有它們運行的法則。

將有所作爲，先同智能之士商議，再向神冥問卜，應該準備的就這樣。尊者、賢者不能因之而驕慢冒失，卑者、愚者也不應過於拘謹，人在造物主面前平等。這道理是，賢愚尊卑只是後天的事，一半由於修養，一半由於偶然。大家都是自然之子。

聖人依此原則作《易經》，世人也必按此精神用卦爻。八卦以形象暗示所象徵的事理，爻、彖則細說變化之情，陰陽剛柔錯綜雜陳於六位之中，觀察這些情形，便可知吉凶悔吝了。

陽剛陰柔的變動是從利害的角度來說的，吉祥凶險是隨從情理變化的。因此，愛與憎衝突，就產生吉凶；遠與近拉扯，就會猶豫不定；眞與假互相排斥，就出現利害。

《易經》的情理就是表明，相對、相近，不能通融，凶險就將發生，終至受害，愧悔那只是痛定思痛的事。

將會叛變的人，說話時會面有愧色，語言躲躲閃閃。

心中有疑慮的人，行動彷徨，說話會語無倫次，顧此失彼。

有修養的人，看得明白，想得透徹，言語必然不多，該說的會要言不繁，不該說的他守口如瓶，守心如山，守身如玉。

浮躁的人，即便有相當聰明才智，也會情緒衝動，多言多話；更不要說知識不夠的人，信口開河。

淺薄的人，瘦狗過門檻嘴向前，走到那說到那，見什麼說什麼，自我感覺良好，甚而好爲人師，總不反過頭自省。

心靈寂寞的人，性情怯弱，一旦傾吐，要說的太多，會語言雜亂，也會半天說不出一句。這是因飽受壓抑，心志才華不得舒張。

誣陷好人的人，說話必定無中生有，閃爍其詞。這就是心機陰謀。閃爍其詞，在於要害人又怕惹火燒身，就像潑髒水，要髒污他人，又怕髒了自己，因而要躲閃。

沒有操守的人，說話曲折含混，而不能直截了當。因爲他只想八方敷衍，處處做好人，方方都得利。此種人貌如君子，實則小人。

天南地北皆造化

一個生命的掙扎，是因為結束，也是因為新生。

世事的奇妙正在於此。

因之，不必為結束而憂傷，也不必為開始而恐懼。

宇宙之氣造化萬物由雷電開始，神聖的風使萬物整齊聖潔。太陽則使萬物欣榮可愛的生長出來，大地則把這所有容納、撫育在自己溫暖、寬大的懷抱裡。大澤則以自己的水色使生物獲得潤澤、欣欣向榮，叫人賞心悅目。天則由於明暗交替、日夜遞轉，就發出一種信號，物極必反，人當小心。水日夜奔流不息，暗示勤奮，也暗示流動不已也必疲累不堪。山讓萬物依託，也讓生命止息；生從這裡開始，也從這裡消亡。它象徵生命的輪迴。也象徵人生的穩健，也象徵愚笨，缺少靈動變化。

這所有，雷、風、水、火、山、澤、日、月，正是震、巽、坎、离、艮、兌、乾、坤的象徵意義。

萬物產生由於震動，震卦的方位在東。萬物齊潔由於風，巽卦的方位在東南。

离是太陽，表示光明，普照萬物，則明麗可見，方位在南方。

聖人坐北朝南，聽治天下，向明而施行治理，辦法與道理即如此。

坤卦表示地，萬物依託大地長育繁衍，所以坤爲萬物之母。

兌卦象徵中秋八月，萬民因豐收而喜，萬物也歡欣於此季，因爲一年功德圓滿，所以和悅生於兌。

乾坤方位在西北，包含陰陽交替之大義，出死入生之大節。

坎是正北方的卦，是一個表示勞累者的符號，指示萬物歸息。

艮處東北，象徵終結，同時亦是開始，所以艮卦表示成功。因爲相克相生，一個生命在掙扎，因爲結束；一個生命也在掙扎，因爲新生。只是共存於一個母體中，世事的奇妙就在這裡。不必爲結束而憂傷，不必爲開始而恐懼，一切都須如此。

新生的地方，或者叫生新的地方，永遠醜陋，永遠恐怖，也永遠叫人激動不已，神往不已。盡頭與開端，本來最可怕，也最輝煌。

編後記

《孔子的人生哲學：執著人生》本是約請李旭先生寫的，按我們的設想，寫成十五萬字左右。後來，李旭先生由於工作變動等具體原因，只寫了十一萬字。所以，緊接著我們又約請青年詩人與理論家馬風先生寫了《〈易經〉妙解》三篇，並說明已然的原因，我們不便在書的封面署「馬風」的姓名，只能在《編後記》中說明，請能委屈一下。馬風先生果然豁達，說爲朋友幫忙，沒關係，並很快寫出來了。這便有了一本完整反映孔子人生的讀物——《孔子的人生哲學：執著人生》。

爲此，我們要感謝李旭先生，排除困難爲我們寫稿，尤其要感謝馬風先生成人之美的好品德。

編者　揚帆

孔子的人生哲學—執著人生　　中國人生叢書 5

著　　者／李旭
出　　版／揚智文化事業股份有限公司
發 行 人／葉忠賢
責任編輯／賴筱彌
執行編輯／陶明潔
文字編輯／范維君　劉孟琦
地　　址／台北市新生南路三段 88 號 5 樓之 6
電　　話／(02)2366-0309　2366-0313
傳　　真／(02)2366-0310
登 記 證／局版北市業字第 1117 號
印　　刷／偉勵彩色印刷股份有限公司
法律顧問／北辰著作權事務所　蕭雄淋律師
初版四刷／ 1998 年 8 月
定　　價／新臺幣：250 元

南區總經銷／昱泓圖書有限公司
地　　址／嘉義市通化四街 45 號
電　　話／(05)231-1949　231-1572
傳　　真／(05)231-1002

本書如有缺頁、破損、裝訂錯誤，請寄回更換
ISBN→957-9091-84-6
E-mail→ufx0309@ms13.hinet.net

國立中央圖書館出版品預行編目資料

孔子的人生哲學：執著人生／李旭著. --
初版. --臺北市：揚智文化，*1994*〔民*83*〕
面；　公分. --(中國人生叢書；*5*)
ISBN 957-9091-84-6 (平裝).
--*ISBN 957-9272-28-X* (精裝)

1.(周)孔丘－學術思想－哲學

121.23　　　　*83008682*